to a great cook, kimchi maniac,
master of youtube,
walking google,
and male Scheherzade Arif

두 번째 터키

글·사진 이혜승

에디터

prologue

햇볕이 쨍쨍 내리쬐는 어느 봄날 아침. 나는 여느 때처럼 발코니 문을 열고 이불을 널었다. 이스탄불에 장기 체류하면서 붙은 습관이었다. 보스포루스 해협에서 불어오는 신선한 바람을 쐬고, 순도 높은 태양의 세례를 받아 보송보송하게 마른 이불은 최상의 수면제였다. 방을 환기시키고 문을 닫으려는 참이었다. 두 명의 동양 아가씨들이 눈길을 끌었다. 가파른 언덕을 올라오느라 힘에 부쳤는지 숨을 헉헉대는 모양이 뚜렷했다. 그들은 오르막길이 끝나는 계단 앞에서 지도를 펴 위치를 확인하고는 고개를 젖혀 갈라타 탑을 올려다보았다.

아가씨들은 이내 사라졌다. 그들이 서성대던 자리에서 10여 전 나의 모습이 섬광처럼 스치고 지나갔다. 나도 그랬었지…. 잠깐 동안 회상에 젖어있다가 건너편 집 지붕 위에서 갈매기가 푸드득 하고 날아오르는 소리에 현실로 돌아왔다. 내 손에는 지도 대신 이불이 쥐어져 있었다. 여행의 두근거림을 담은 지도 대신 눅진한 생활의 냄새를 풍기는 이불이라….

이스탄불에서 이불은 지도를 슬그머니 밀어내고 나를 이끌었다. 나는 아야 소피아나 블루 모스크 같은 관광명소에서는 멀어졌고, 터키인들의 집과는 가까워졌다. 명상춤 수피 댄스처럼 진지한 공연보다는 친구들의 막춤을 보는 일이 잦아졌다.

지난 4년여 동안 '이불 가이드'를 따라서 나는 역사책이나 가이드 북 바깥에 존재하는 색다른 세계로 여행을 떠났다. 아메바처럼 자유자재로 형태를 바꾸어 알쏭달쏭하고, 물컹하며, 끝이 보이지 않는 터키의 일상 속으로….

CONTENTS

Prologue   6
Photo Essay   12

PART 1
일상의 지도 26

천일야화, 1막 1장   30
갈매기 포르노, 절찬 상영 중   38
우리는, 이기는 게임만 하거든   48
흡연 천국, 금연 지옥   56
위기의 밥상   66
톱하네 폭행 사건   70
터키 뽕짝과 면도날 클럽   78
이스탄불 김치 열전   88

PART 2
가자, 5차원으로 96

다르게 생각하라!   100
엉덩이 사용 설명서   108
바벨탑   118
선택   128
여자 허벅지 주세요   134
5차원 계산법   142

PART 3
언제, 어디서 만나든 148

나비부인의 혁명	152
바트만 다크 나이트	162
내게 말을 걸어줘	172
정직한 도둑	176
소셜 네트워크	186

PART 4
나를 찾아서 202

투르크 전사의 탄생	206
내 이름은 코렐리	216
무슬림 여대생의 이중생활	226
삐끼 고양이	234
내 심장 속의 축구공	250
트랜스포머	258

PART 5
꿈의 계절 278

곰이 쓴 동화	282
보이지 않는 현판	292
황금마스크와 천국행 통행증	304
흰 까마귀	316
모래로 변하는 꿈	324

part 01
일상의 지도

이스탄불은 멀리에서 태어난 누군가의 종착지였고,
이곳에서 태어난 누군가는 돌아오지 못할 길을 떠나 가슴으로만
그리워하던 고향이기도 했다.

내게는 어떤 도시가 될까…

천일야화, 1막 1장

혼자서, 아무것도 가진 것 없이, 낯선 도시에 도착하는 공상을 나는 몇 번씩이나 해보았었다…. 그렇게 되면 〈비밀〉을 간직할 수 있을 것이다.
–장 그르니에, 섬

갈라타 탑

이스탄불은 보스포루스 해협을 사이에 두고 유럽과 아시아 대륙으로 갈린다. 도시의 유럽 지역은 다시 골든혼 Golden Horn, 보스포루스 해협이 내륙으로 침식해 들어와 생긴 만, 터키어로는 할리치 Halic 을 중심으로 옛 이스탄불과 페라 Pera 지구로 나뉜다. 옛 이스탄불은 역사 문화 지구로써, 아야 소피아, 블루 모스크, 그랜드 바자와 같이 비잔틴과 오스만튀르크 시대의 유산들이 집중되어 있는 곳이다.

페라는 '건너, 너머'라는 뜻을 가지고 있는데, 13세기부터 15세기까지 이탈리아의 제노아 공국의 식민지였다. 제노아인들은 이곳에서 자국법에 따라 경제 활동을 했다. 이탈리아 인들뿐 아니라 프랑스, 그리스, 아르메니아, 유태인 등 외국인들이 수백 년 전부터 페라 지역에 둥지를 틀고 살았다. 페라는 전통적으로 터키 문화의 건너편에서 따로 노는 지역이었던 것. 페라의 코스모폴리탄적인 느낌은 지금도 살아있는데, 그 중심에는 터키풍의 모스크 대신 페라 지역의 분위기에 어울리는 유럽 중세풍의 탑이 우뚝 서 있다. 갈라타 탑 Galata tower 이다.

갈라타 탑은 1348년 제노아인들이 건설한 등대이자, 화재를 감시하던 전망탑이었다. 해발 고도는 35미터, 높이는 66.9미터이며, 둘레는 16.54미터에 달한다. 탑의 꼭대기는 해발 고도가 100미터 가량으로, 이스탄불의 360도 전망을 볼 수 있다. 탑은 석조이며, 웅장한

위용을 자랑하는 까닭에 긴 머리를 늘어뜨리고 왕자를 기다리는 동화 속의 라푼젤이 갇혀 있을 법한 성채처럼 보이기도 한다. 실제로 16세기에는 지하 감옥으로 쓰인 적도 있다고 한다. 그래서인지 바람이 음산하게 부는 날 밤에는 괴기스러운 느낌을 자아내기도 한다.

공포영화 올림픽, 금메달의 주인공은?

〈엑소시스트〉, 〈황혼에서 새벽까지〉, 〈13일의 금요일〉, 〈월하의 공동묘지〉 등 각종 좀비와 귀신들이 캐스팅된 공포 영화나 킹콩, 고질라 등의 괴수 영화들을 모두 모아 놓고 가장 끔찍한 주인공들을 가리는 대회가 있다고 상상해 보자.

'귀하는 임산부와 노약자, 어린이들에게 막대한 해를 끼치기는 하지만, 마니아 관객들로 하여금 손에 땀을 쥐게 하는 공포와 그에 이은 카타르시스를 안겨주고, 영화관을 나오는 순간 삶이 얼마나 아름다운지를 보여주는 일등 공신인 까닭에 메달을 수여합니다.'

금메달은 누가 거머쥘 것인가. 치열한 접전이 벌어질 것으로 예상되는데, 강력한 우승 후보의 하나로 드라큘라 백작을 꼽아도 좋을 것이다. 백작은 이미 100여 년 이상, 영화, 연극, 만화, 게임 등 다양한 문화 콘텐츠의 주인공으로 남다른 인기를 누려왔다. 잔혹하지만 긴 외투 자락을 휘날리며 어두운 밤거리를 활보하는 백작의 뒷모습은 의외로 낭만적이고 치명적인 매력마저 풍기는 듯하다. 개성이 넘치는, 하지만 실존한다면 가급적 멀리하고 싶은 인물, 드라큘라.

2007년 1월에는 5년 반 만에 이스탄불을 방문했는데, 그 첫날밤 들은 이야기는 드라큘라에 대한 것이었다. 그가 오스만튀르크, 특히 이스탄불의 갈라타 탑과 기묘한 인연이 있었기 때문이었다.

똥침의 대가

때는 1442년으로 거슬러 올라간다. 현재 루마니아에 속하는 왈라키아 지방의 드라쿨 영주는 두 아들을 터키에 볼모로 보냈
^{라틴어에서 용을 의미하는 Draco에서 나온 말. 영주는 '용의 기사단' 소속 기사였다}
다. 헝가리가 자신의 권좌를 위협하자 당시 최강의 전투력을 자랑했던 이교도 오스만튀르크와 손을 잡은 것이었다. 11살짜리 큰 아들은 블라드 3세였다. 이후 꼬챙이로 사람을 찔러 죽이는 처형법 때문에 블라드 체페슈^{Vlad Tepes, 꼬챙이 블라드라는 뜻. 그는 똥침의 대가였다}라는 별명을 갖게 되고, 뱀파이어의 모델로 아성을 떨쳤던 드라큘라 백작이 바로 블라드였다.
될성부른 나무는 떡잎부터 알아본다고, 블라드는 어릴 때부터 성질이 대단했던 모양이다. 터키인들에게 늘 저주와 입에 담기 힘든 욕설을 퍼붓는데다 행실이 난폭하여 매를 스스로 버는 일이 많았다고 한다. 반면 블라드의 배다른 동생은 '잘생긴 라두^{Radu III the Handsome}'라는 별명만큼 인물도 출중했고, 성격도 좋아서 터키인들과 원만하게 지냈다. 특히 미래의 술탄이 될 메흐메트 2세와는 절친이었고, 이후에는 연인 사이로 발전하기도 했다.
라두는 무슬림으로 개종했고, 1453년에는 메흐메트 2세와 함께 콘스탄티노플 정복에 참여하는 공적도 세웠다. 라두는 술탄의 톱카프 궁전에 남았지만, 형인 블라드는 1447년, 아버지가 암살을 당한 후 다시 왈라키아로 보내져 영주 자리를 이어받았다. 갈등은 이때부터 시작되었다. 블라드는 동생 라두를 혐오했고, 메흐메트 2세와는 앙숙이었다. 성미가 고약한 블라드는 오스만튀르크 제국의 도움으로 권좌에 앉았으나, 세금도 제때 바치지 않았고, 중앙 정부에서 독촉장을 보내자 사절단을 잔인하게 처형해 버렸다.
블라드를 잘 아는 술탄 메흐메트 2세의 분노는 하늘로 치솟았을 것이다. 당시 콘스탄티노플은 제2의 로마였고, 지금의 뉴욕과도 같았던 대도시였다. 메흐메트 2세는 유럽인들과 아랍인들에게 욕망의 도시였던 콘스탄티노플을 불과 스물의 나이에 정복해 이슬람 세계의 스타로 떠올랐다. 그런 천하무적의 술탄에게 맞짱을 뜨겠다는 거지….
술탄은 블라드를 응징하기 위하여 숙련된 투르크 전사들을 보냈다. 그러나 승리의 여

신은 매번 블라드의 손을 들어 주었다. 메흐메트 2세는 몸소 군사를 이끌고 출정하기도 했다. 도중에 2만여 명의 터키 병사들이 막대창에 찔려 피를 흘리고 썩은 내를 풍기며 죽어 있는 모습을 발견하고는 블라드의 잔인함에 치를 떨며, 말을 돌린 적도 있다고 한다. 급기야 1462년에는 잘생긴 라두가 직접 투르크 병사들을 이끌고 전장에 뛰어들었다. 형제끼리의 피 튀기는 전투에서 어렵사리 승리를 거둔 쪽은 라두였다. 그러나 블라드는 여전히 오스만튀르크 전사들의 목숨을 날려버리는 위험한 지뢰였다.

그랬던 블라드도 악한으로서의 운이 다했는지 1476년, 오스만 부대와의 전투에서 사망했다. 그때 터키 군인들은 적장 블라드의 머리를 이스탄불까지 가지고 왔는데, 부패를 막기 위해 머리는 꿀에 절였단다. 인간 흡혈귀 블라드가 벌인 피의 카니발이 끝났음을 알리기 위해 터키인들은 그의 목을 도시에서 가장 높은 곳인 갈라타 탑에서 7번 돌린 후 근처에 던져버렸다 한다.

믿기 어려운 이야기이긴 하지만, 전혀 근거 없는 낭설은 아닌 것 같다. 아무튼 내가 이스탄불에서 몇 년간 살았던 집은 갈라타 탑에서 불과 서른 걸음도 떨어지지 않은 곳이었다.

날자, 날자꾸나

바야흐로 때는 드라큘라 사건이 나고 160여 년이 흐른 1630년대였다. 에블리아 첼레비 Evliya Celebi라는 역사가가 시대상을 아주 꼼꼼하게 기술했다. 그 기록에 의하면 헤자르펜 아흐메트 첼레비 Hezarfen Ahmet Celebi는 세계 최초의 비행사였다. 그는 날개를 달고 갈라타 탑에서 보스포루스 해협을 건너 아시아 대륙에 위치한 지역 우스퀴다르 Uskudar로 착륙하는 데 성공했다. 행글라이딩의 원조였던 것. 비행거리는 약 3킬로미터. 만만한 거리는 아니었다.

당시 술탄이었던 무라드 4세는 비행과정을 모두 지켜보았다. 그는 터키 최초의 비행사가 된 아흐메트 첼레비에게 금 한 자루를 선물했다. 첼레비가 과학진흥기금을 받고 집으로 돌아가 연구에 몰두했다면 인류 비행의 역사는 달라졌을지도 모른다. 하지만 그

런 일은 일어나지 않았다. 무라드 4세는 그의 성공을 기뻐하지 않았다.

"무서운 놈인걸. 마음만 먹으면 뭐든지 할 수 있겠어. 그냥 내버려둬선 안 되지."

술탄은 아흐메트 첼레비를 오스만튀르크의 식민지였던 북아프리카의 알제리로 귀양을 보내버렸다. 첼레비는 그곳에서 살다가 하늘나라로 떠났다.

비디오도, 디카도 없었던 시절. 기록 이외에는 아무런 증거도 남아 있지 않는데, 첼레비가 진짜 하늘을 날았다고 믿을 수 있을까? 한 역사가가 날고 싶은 인류의 욕망을 책 속에서 실현한 것은 아니었을까? 하지만 비행에 성공하지 못하고 추락했다면, 아흐메트 첼레비는 보스포루스 해협에 뼈를 묻었거나, 살아남았다 하더라도 날고 싶어 미친 과학자로 낙인이 찍혔을 테고, 날개가 꺾인 채 땅 위를 걷는 보통 인간으로 이스탄불에서 생을 마치지 않았을까?

그날 이후, 갈라타 탑을 지날 때마다 나는 떠올리곤 했다. 평생 동안 수만 명의 피비린내를 맡고 살아왔던 블라드가 자기 목에서는 피가 뚝뚝 떨어지는데, 얼굴에 범벅이 된 달콤한 꿀을 빨아먹으며 눈을 번쩍 뜨고 괴기스럽게 웃는 모습을. 갈매기들처럼 바람을 타고 유럽에서 아시아로 자유롭게 활공하는 첼레비의 날갯짓을.

이스탄불은 멀리에서 태어난 누군가의 마지막 종착지였고, 이곳에서 태어난 누군가는 돌아오지 못할 길을 떠나 가슴으로만 그리워하던 고향이기도 했다. 내게는 어떤 도시가 될까. 친구 아리프로부터 두 이야기를 듣는 사이에 1리터짜리 보드카가 동이 났고, 해는 훤하게 떠올랐다.

이스탄불, 천일야화의 시작이었다.

갈매기 포르노, 절찬 상영 중

그러니 나를 제발 좀 그냥 놔두시오.
-파트리크 쥐스킨트, 좀머 씨 이야기

이스탄불의 소리

이스탄불의 아침은 활기차다. 사실은 지나치게 활기차다. 새벽을 여는 1번 타자는 청소차다. 청소차는 전쟁영화에 등장하는 신형 무기들처럼 굉음을 내면서 도로 정화의 사명을 수행한다. 주민들을 깨우는 자명종 기능은 서비스다. 그 뒤를 따라 단잠을 깬 갈매기들이 마녀 같은 음성으로 꺽꺽 소리를 지른다. 마치 새벽부터 교양 없이 떠드는 존재들이 누구냐고 불평을 하는 것 같다. 뒤따라 뮈에진(모스크에서 기도문을 암송하는 사람)의 기도가 이어진다. 계절마다 다르지만 대략 다섯 시에서 여섯 시 사이에 첫 기도가 시작된다.
"알라 후 아크바르(알라는 크시도다)!"
도시 전체에 기도의 파도가 일렁이면, 뮈에진에 도전장이라도 내밀 듯 개들이 캉캉 짖어댄다. 곧 이어 참새들이 짹짹거리며 하늘로 날아오르고, 골목의 스피커 가게에서는 경보음이 울린다. 나는 경보음을 들을 때마다 가게 주인이 도난 방지보다는 장치가 제대로 작동하는지 여부에 더 관심이 있는 게 아닌가 하는 생각을 했다.
"아, 저럴 때는 새총이 최고야."
각종 무기에 조예가 깊은 나의 파트너 아리프는 경보음에 대처하는 방법도 전문가답다.
"재작년인가, 친구하고 술을 마시는데 저 아래 스피커 가게에서 밤새 경보음이 울리는 거야. 어찌나 시끄럽던지 참다 못해 고무줄과 막대기로 새총을 만들고 맥주병 뚜껑을

끼워 조준을 했지. 한 발은 실패하고, 한 발은 가게 유리창에 명중해 금이 갔어. 한 발 더 쏘니 와장창…! 속이 다 후련해지더라구. 우린 계속 술을 마셨어. 아침 일곱 시쯤인가 가게 주인이 오더군. 고거 쌤통이다 싶어서 반응을 지켜봤어. 그런데 깨진 유리 조각들을 발로 쓱 치우더니, 옆 가게로 가는 거야. 제기랄. 우리가 쏜 총이 엉뚱한 가게 유리창을 부순 거지. 그럴 리야 없겠지만 도둑이 제 발 저린다고 친구와 나는 배를 타고 건너편 카드쾨이_{Kadikoy, 이스탄불의 아시아 지구}로 피신했다가 오후 늦게 돌아왔지. 그리고는 시치미를 뚝 떼고 가게 옆을 지나가는데, 새총에 맞아 유리창이 깨진 가게 주인은 아직까지 분이 안 풀렸는지, 붉으락푸르락한 얼굴로 씩씩 대며 주먹을 휘둘러대더구먼. 잡히면 가만히 두지 않겠다면서 말이야…"

새총이 정의 구현을 위한 효과적인 대안은 아닌 것 같다. 그래도 아리프는 동네 주차장 관리인이 텔레비전이나 라디오를 크게 틀 때에도 새총으로 응징을 했다면서, 이 원시적 무기의 유용성을 강조했다. 어쨌든 아침에는 활기찬 모습이 풀 죽은 표정보다 어울린다.

엔긴 아저씨의 수난시대

50여 년 전만 하더라도 이스탄불의 아낙네들은 건물의 지붕 밑 꼭대기 층에서 빨래를 했다. 냇가에서 빨래하기도 불편했고, 개인 목욕탕도 없던 시절이었다. 그래서 건물 각 층의 안주인들은 반상회를 통해 빨래하는 날을 정하고, 모두 함께 모여 일을 치렀다.
전직 골동품상이고, 아마추어 화가이기도 한 이웃, 엔긴 아저씨는 바로 그 꼭대기 층에 살았다. 한때 삶은 빨래에서 피어오르는 김과 아줌마들의 걸쭉한 입심으로 후끈하게 데워졌던 곳이라 그런지 엔긴 아저씨의 집은 포근하고 아늑한 데가 있었다.
꼭대기 층인 만큼 아저씨 집은 전망도 근사하다. 보스포루스와 톱카프 궁전, 모스크들의 둥근 돔 지붕과 뾰족한 미나레트^{Minaret, 모스크에 부속된 첨탑}들이 한눈에 들어온다. 이게 전부가 아니다. 엔긴 아저씨는 건물을 수리할 때 지붕의 한 면을 유리로 만들었다. 한밤중에 커튼을 걷으면 유리를 통해 웅장한 갈라타 탑의 야경이 별과 함께 쏟아져 들어왔다. 하지만 이 기막힌 전망을 갖기 위해 엔긴 아저씨가 치르는 대가는 만만치 않다. 아저씨 집 바로 앞이 갈라타 광장이기 때문이다.
2~3여 년 전부터 광장은 부쩍 소란스러워졌다. 아버지 히피 세대들의 전통을 이어받은 유럽인 배낭 여행자들과 답답한 현실에서 비상구를 찾으려는 터키의 청춘 남녀들이 하나둘 등대로 뛰어드는 불나방처럼 삼삼오오 갈라타 광장으로 꼬여 들었다. 광장은 밤새도록 줄타기, 공 던지기, 커다란 요요 따위의 시시껄렁한 레퍼토리를 가진 서커스단과 맥주를 들이키는 불량 청소년, 집시 소년들로 북적거렸다.
밤마다 광장에서 날아오는 소음 폭탄으로 잠을 빼앗긴 엔긴 아저씨는 아침마다 너구리

처럼 다크서클이 생긴 얼굴로 광장 근처를 배회했다.
"여름이라 더워 죽겠는데 시끄러워서 창문을 열어 놓을 수도 없고, 뭔 수를 써야지 원…."
동네 사람들의 원성도 잦았다. 그러나 불만의 소리는 하늘로 올라가는가 싶다가 도중에 흩어져 버리고 만다. 결론은 늘 이렇게 난다.
"어쩌겠어요…."

행복 보존의 법칙

무슬림들은 인내심의 도사들인 것 같았다. 그래서 주변 환경이 불만스러워도 참고 넘어갔다. 소음과 적극적으로 싸우는 투사는 엔긴 아저씨가 유일했다. 그것은 아저씨가 소음의 가장 큰 피해자이기도 하고, 또 스위스 시민인 탓도 있을 것이다. 이스탄불에 사는 독일인 아저씨, 게르드의 증언에 의하면 스위스는 너무 조용해서 사람 살 데가 못 된단다. 게르드는 한 달쯤 스위스에 머문 적이 있는데, 저녁에 맥주라도 마시고 화장실을 가면 다음날 아침에 아래층 이웃이 문을 두드렸다고 한다.
"소변은, 앉아서 봐 주세요. 그리고 오후 9시가 넘어서는 화장실 사용도 가급적 자제해 주시기를 부탁드립니다."
게르드는 변강쇠하고는 거리가 먼 샤프한 인상이다. 그가 외모와는 달리 이웃의 잠을 깰 만큼 오줌발이 강력한 건지, 아니면 아래층 거주자가 변태 기질이 있어서 천장에 늘 귀를 대는 것인지, 소머즈 같은 초능력자인지 알 수는 없다. 어쨌거나 엔긴 아저씨가 스물네 살 이후 30년 넘게 살아온 곳이 바로 그 예민한 스위스였다. 엔긴 아저씨가 조용한 곳에서 오랫동안 조신하게 살아와서 그런지, 자신의 고향인 이스탄불에서는 적응을 잘 못했다. 내성이 많이 떨어진 것 같다.
엔긴 아저씨가 밤마다 광장에 나가 젊은이들에게 조용히 해달라고 설득을 시도한 게 벌써 스무 번이 넘는다. 하지만 돌아오는 반응은 늘 한결같다. "아저씨가 뭔데…."
실오라기라도 붙잡고 싶은 심정에 엔긴 아저씨는 경찰에게 신고도 해본다. 경찰차는 시민의 안전을 지킨다는 사명감을 만천하에 알리기 위해 요란하게 사이렌을 울리며 출동한다. 범죄자들이 증거를 인멸하기에는 충분한 시간이다. 그들은 소음의 범행 도구를 숨기고, 마치 담소를 나누고 있었던 듯 순진한 알리바이를 만든다. 경찰들은 탑 근처에서 어떤 범죄의 징후도 발견하지 못한 채, "장난 전화구먼…." 하고 돌아간다.

수십 번의 전화 끝에 엔긴 아저씨는 소음의 편집증으로 고생하는 양치기 늑대 소년이 되어 버렸다. 어느 날 참다 못한 엔긴 아저씨는 여자 친구에게 대신 신고해 달라고 부탁하고, 자신은 광장의 어두운 곳에서 잠복해 있었다. 경찰이 다가오자 소음의 원흉들은 언제나처럼 시치미를 뗐다. 그때 정의구현을 위해 몸을 숨겼던 아저씨가 나타나 범행 도구의 위치를 폭로했다.

이제, 아저씨는 고요라는 은혜를 입을 수 있을 것인가? 증거물의 발견이 꼭 범죄의 종료를 의미하는 것은 아니다. 만만치 않은 복병이 아저씨를 기다리고 있었기 때문이다. 바로 유럽인들이다.

오스만튀르크 제국이 호령하던 수백 년 전만 해도 유럽에서는 아이들이 잘못을 하면, '자꾸 이러면, 투르크인이 널 잡아간다.'고 협박했단다. 하지만 세상은 많이 달라졌다. 유럽인들을 체포했다가 '월권행위'를 저지르는 것은 아닌지, 외교 마찰을 일으키는 것은 아닌지 하는 우려가 터키 경찰들의 발목을 잡는다. 유럽에 걸쳐 있지만 유럽인이 아니라는 터키인들의 열등의식과 자기 검열이 한몫하는 것이다.

"봐줍시다. 유럽에서 온 손님들인데…."

엔긴 아저씨의 경우에는 고약한 '행복 보존의 법칙'이 작용하는 듯하다. 행복의 총량이 정해져 있어서 누군가 행복하면 다른 누군가에게는 불행이 주어진다는 이상한 법칙이다. 유럽인들이 갈라타 광장에서 마음껏 음악을 연주하거나 소리를 지르면서 자유를 만끽하고, 치외법권의 혜택을 누릴수록 엔긴 아저씨의 행복은 줄어든다.

"귀에다 솜을 꽂으면 그 다음부터는 심장 소리가 크게 들려서 잠이 안 와…."

다크서클은 내 운명

아저씨의 고통이 남의 일 같지는 않다. 15년 전쯤, 모스크바에서 살 때였다. 기숙사에서는 주말마다 댄스파티가 벌어졌다. 바로 옆방에서 말이다. 어느 날 새벽 세 시쯤, 용기를 내어 문을 두드렸다. 롱다리 러시아 아가씨 두 명이 술과 춤으로 상기된 표정을 하고는 문을 열었다.

"이거, 음악 소리가 너무 크잖아."

나는 그들을 올려다보면서 말했다.

"잘 됐네. 니 방에서 너도 춤을 추면 되잖아."

그들은 나를 내려다보며 답했다.

막무가내 앞에서는 해볼 재간이 없다. 언제나 패배자의 역할을 맡았던 소음과의 전쟁을 터키에서 다시 치르게 될지는 몰랐다. 아래층에는 명상 춤 전문가가 사는데, 주말이면 명상이 아닌 나이트클럽 음악이 흘러나온다. 그것도 일종의 명상 춤이라면 할 말은 없다. 스피커의 성능이 얼마나 좋은지 벽과 마루가 흔들릴 정도다. 물리적인 진동을 유발하고, 정신적으로도 사람의 마음을 뒤흔든다는 면에서 소음과 지진은 형제였다.

엔긴 아저씨는 내게 측은한 눈길을 보내며 성토대회를 계속했다.

"한 달 전, 스위스에 다녀온 다음 날이었어. 새벽에 펠리니의 〈카사노바〉를 열심히 보고 있던 중이었지. 그런데 누군가 문을 두드리는 거야. 나가 보니 네이레[엔긴 아저씨의 건너편 집에 사는 50대 후반의 여자 언론인]가 서 있는 거야. 분홍색 레이스에 귀여운 새끼 곰이 그려진 잠옷을 입고 말이지. 누가 지붕 위에 있다는 거야. 무섭다고…, 좀 봐 달래. 혹시 흉악범들이면 나라고 대책이 있겠나 싶었지만, 아무튼 빗자루를 들고 네이레 집으로 건너가 지붕 쪽을 살펴봤어."

"딱딱딱딱딱… ㅇㅇㅇㅇㅇㅇㅇㅇ~으응…. 괴수들이 내는 소리 같았어. 살금살금 다가가서 가만히 들어보니 남녀상열지사인 거야. 대체 어떤 염치없는 인간들이 이 새벽에 남의 건물 지붕까지 올라와 점잖지 못하게 이 짓을 하는지, 창피를 줘야겠다고 생각했지. 소리가 나는 쪽으로 살금살금 다가갔더니 웬걸, 갈매기들이네. 수놈은 암놈 위에 올라타서는, 펼치면 1미터도 넘을 흰 날개를 퍼덕이면서 으으으으으으~응… 하는 거야. 내가 들어본 교성 중에서 가장 에로틱하더구먼. 비둘기들하고는 달리 꽤 오래 하더라구. 이러니 내가 잠을 잘 수 있겠어?"

며칠 전 아침, 계란을 사러 가다가 엔긴 아저씨와 마주쳤다. 잠을 설쳤는지 눈 주위가 너구리처럼 까맸다. 아무래도 아저씨는 〈카사노바〉 대신 또 다른 볼거리를 찾았나 보다. 아저씨 집 지붕 위에서 매일 밤 절찬리에 상영되는 색마 갈매기의 화끈한 포르노를….

우리는, 이기는 게임만 하거든

오늘 볼 수 있는 재미를 내일로 미루지 마세요.
—올더스 헉슬리, 훌륭한 신세계

갈라타 광장의 집시킹

갈라타 탑 주변 광장에서는 늘 집시 음악을 들을 수 있었다. 열 살에서 열일곱 살 사이의 집시 소년들은 네다섯 명씩 패를 지어 해가 진 후부터 광장으로 나와 새벽 두어 시까지 다르부카^북를 치고 주르나^{피리}를 불었다. 폭우가 쏟아지는 날은 나오지 않았지만, 이스탄불에서는 악천후가 드문 편이었으므로 소년들은 거의 쉬는 날 없이 강행군을 했다. 나는 그들에게 '집시킹'이라는 이름을 붙여 주었다.

2010년에는 이스탄불이 유럽의 문화 수도로 지정되어 여러 행사가 열렸다. 한여름 밤 거리 음악 콘서트도 축제 프로그램의 하나였다. 몇몇 유럽 밴드들도 초대를 받아 다채로운 음악을 선보였다. 불행히도 도시의 터줏대감인 집시들은 초대를 받지 못했다. 하지만 이스탄불이 전 세계의 주목을 받는 마당에 뒷짐만 지고 있다면, 집시가 아니지.
스무 명쯤으로 구성된 독일의 관악 밴드가 연주를 하던 어느 날이었다. 헐렁한 양복을 입은 열 살가량의 집시 소년은 북 연주자를 쳐다보다가 음악이 잠시 멈춘 틈에 북채를 빼앗아 북을 두드리기 시작했다. 놀랍게도 소년은 복잡한 리듬의 재즈나 크로스오버 음악도 그럴 듯하게 소화를 해냈다. 소년의 여동생은 어느 새 무대 한가운데로 뛰어들어 춤을 추기 시작했다. 실력 있는 '앵벌이'들이 가세하여 군중의 시선을 사로잡자 밴드

의 리더는 기회를 놓칠세라 모자를 벗고, 돈을 걷으러 다녔다. 이리하여 멀리서 온 유럽인 밴드는 집시들처럼 구걸을 했고, 집시들은 뛰어난 예능인의 자질을 과시했다.

역시 집시는 이스탄불의 뮤즈다. 몇 년 동안 방치 상태이긴 해도 명색이 네이버 집시 카페의 부회장으로서 나는 그들의 자유로운 삶에 경의를 표한다. 하지만 그런 경의도 오후 9시까지만이다.

도시의 뮤즈

갈라타 광장 근처는 밤마다 조용할 날이 없었다. 음악에 대한 집시킹의 열정은 동네 사람들, 특히 광장 바로 옆집인 우리 건물 주민들의 신경망을 교란시키고, 심장 박동의 이상을 가져왔다. 나와 3층에 사는 암베린, 5층의 엔긴 아저씨는 소음의 편집증 환자가 되었다. 반면 나의 파트너 아리프는 의외로 관대한 태도를 보였다. 가끔씩 이 사람의 귀가 성난 코끼리 떼의 공격이라도 받아 청각에 이상이 있는 것은 아닌지 의심이 들기도 했다. 그러던 12월의 어느 날 밤, 드디어 인내의 한계에 다다랐다. 집시킹의 단조로운 연주에 맞춰 식당 손님들은 광장을 노천 디스코 장으로 만들고 있었다. 벌써 며칠째 늦은 새벽까지 소음이 멈추지 않던 터라 나는 두 주먹을 불끈 쥐고 밖으로 나섰다. 아리프도 이번에는 결연한 의지를 보였다. 우리는 집시킹 단원들을 설득해 봤자 소용이 없다는 것을 알고 있었다. 이미 엔긴 아저씨가 수십 번 써먹었지만 먹히지 않은 방법이었다. 그래서 대뜸 광장 앞 식당 주인들을 찾았다. 그들이 영업에 도움이 된다는 이유로 집시들을 방조하거나 심지어는 장려하기 때문이다.

"앞집 건물 사는 주민들이에요. 벌써 몇 년째입니까? 식당 앞에서 연주하는 집시들 때문에 잠을 잘 수가 없습니다."

"그러게 말입니다. 저희 식당 콘셉트에도 안 맞는데다가 레퍼토리도 하나밖에 없어서 지긋지긋하다구요."

식당 주인은 오히려 우리에게 불평을 했다.

"경찰에 신고를 해봤지만 소용이 없어요. 사이렌을 울리며 경찰차가 오면 집시들은 북을 가지고 도망을 가 있다가, 경찰들이 사라진 후 다시 광장으로 돌아오는 거예요. 또 어쩌다 연행이 되어도 다음날 아침이면 도로 풀려나는데, 오히려 '날 잡아가소' 한다니까요. 저녁에 재워주니 고맙다는 거예요."
식당 주인의 불만 혹은 변명은 이어졌다.
"그게 말이죠, 쥐새끼 한 마리만 있어도 집안이 아수라장이 되는 건 순간인지라…. 저희도 저 녀석들이 우리 카페 앞에서 연주를 못 하게 하기는 하겠지만, 따지고 보면 그게 저희 책임도 아니지 않습니까. 저 쥐새끼 같은 녀석들이 해코지하는 것도 마음에 걸리구요. 괜히 돌멩이라도 던져서 비싼 유리창이라도 깨면 손해가 이만저만이 아닙니다. 앙심을 품고 건물 창문 안으로 화염병이라도 던져서 누가 다치기라도 해봐요. 경찰들이 보호해주는 것도 아니고…. 차라리 애들한테 몇 푼 줘서 조용히 보내는 게 상책입니다. 저희들도 골이 지끈지끈 아픕니다."
집시들은 연주를 하면 그 대가를 요구했다. 연주를 하지 않으면 침묵에 대한 값을 치르라고 손을 벌렸다. 응분의 보상이 없을 경우에는 기물을 파손하겠다고 은근히 협박을 했다. 공권력은 집시들의 체포가 실적 향상에 크게 도움이 되는 것도 아니니만큼 방관자적 자세를 취했다. 어떤 상황이든 집시들이 이기도록 정해진 게임이었다. 유태인들이 아니라 집시가 선민이 아닐까 하는 생각도 들었다.
아리프는 식당 주인들이 집시킹을 저지할 책임이 있다고 강조하면서, 집시들을 제때에 막지 않을 경우 민원을 제출하겠다고 경고했다. 동네 인근에서 술 마시는 사람들 때문에 여자들이 마음 놓고 길을 지나다니지도 못한다는 문구를 넣어서 말이다.
"나도 좌익이었고, 술 좋아하는 사람입니다. 광장 식당 세 군데 종업원을 모두 합치면 삼십 명도 넘을 텐데, 그 장정들이 손을 쓰면 저 다섯 놈을 못 막을까요? 아다나 Adana, 터키 의 남부 도시 같았으면 저 녀석들 다리몽둥이가 수십 번은 부러졌을 거예요."
민원이 여당인 '정의 개발당'에 들어가면 사태가 걷잡을 수 없이 번질 수도 있다는 것이

아리프의 요지였다. 그렇지 않아도 터키는 우경 이슬람화의 경향을 보이는데, 선거를 앞두고 민원이 들어갈 경우, 광장 분위기 쇄신을 빌미로 술을 파는 식당들의 폐쇄 조치에 들어갈 수 있다는 것이다. 아리프의 언급은 경고와 협박의 미묘한 경계 위에 있었다.

식당 주인들은 동네 주민들의 마음을 거슬렸다가는 발붙일 데를 잃을 수도 있다는 위험을 직감했다. 식당의 강제 폐쇄라는 극단적 상황에 부딪치기보다 스스로 문제를 해결하는 게 한결 낫겠다고 판단한 식당 주인들은 달라졌다. 집시들을 어찌 할 수 없다는 이제까지의 수동적 태도를 버리고 적극적으로 그들을 제지함은 물론, 경찰들의 단속 강화를 요청하는 서명 운동에 동참하기로 했다.

성탄절 오전, 엔긴 아저씨 집에 마련된 소음퇴치운동 본부에서 서명 전단지를 프린트하고 동네 주민들이 사인을 했다. 1월 초에 진정서가 구청에 들어가면 직원이 장비를 가지고 와서 소음 정도를 측정한다고 한다. 기계가 판단할 것이다.

"삐비비비비… 잠을 잘 수 있는 정도의 소음이다…."

"삐비비비비… 이 동네 사람들 고생이 많다…."

얼마 전에는 뮈에진의 기도 소리가 시끄럽다고 어느 기자가 신고를 했는데, 구청 직원이 나온 날 뮈에진이 감기에 걸려 목청을 낮추는 바람에 기자가 무고죄로 벌금을 낼 뻔한 사건이 있었다. 어쩌면 소음퇴치운동 본부가 판정패를 당할지도 모르고, 집시들에 대한 단속이 강화될지도 모른다. 우리는 기계가 정의의 편에 서기만을 바랄 뿐이다.

대걸레 습격 작전

크리스마스 날은 모처럼 갈라타를 벗어나 친구 집에서 저녁을 먹었다. 새벽 두 시가 넘어서야 집으로 돌아왔다. 아리프가 전화를 확인해 보니, 엔긴 아저씨의 메시지가 와 있었다. 중요한 일이니 꼭 연락을 부탁한다는 내용이었다. 늦은 시각이었지만 아리프는 술김에 거리낌 없이 전화를 걸었다. 평소 같으면 전화를 받지 않았을 엔긴 아저씨는 즉각 응답을 했다. 그는 무척 흥분해 있었다. 우리가 갈라타 광장의 역사에서 일어난 중요한 순간을 놓쳤다면서 그날 자정쯤에 일어난 사건을 자세하게 묘사했다.

사건은 밤 열두 시, 갈라타 동네 통장이 거나하게 취해서 광장을 가로지르다 집시킹과 마주치면서 시작되었다.

"어이, 그만들 하지. 지금이 몇 시인데…."

평소에는 찻집에 앉아 볼멘소리만 하던 통장이 집시들에게 경고를 했다.

"아저씨, 새삼스럽게 왜 그러세요? 어서 집으로 돌아가셔서 이빨이나 닦고 주무세요."

"너희들이 이렇게 시끄럽게 구는데 어떻게 잠을 자라는 거냐?"

"자장가로 생각하세요."

"이놈들아, 참는 것도 하루 이틀이지…."

집시킹은 깐죽거리며 북을 두들겼다. 부아를 참지 못한 통장은 북을 냅다 발로 차버렸다. 그러자 네 명의 단원들은 악기를 내던지고 한꺼번에 통장에게 달려들어 주먹질을 해댔다. 사건 현장은 광장의 구멍가게 앞이었다. 마침 가게 주인은 집시 애들 하나 다루지 못하는 병신이 아니냐고 위층 아주머니의 핀잔을 들어 속이 불편하던 참이었다. 그는 건수를 잡았다 싶어 통장을 지원사격하기 시작했다. 혈액형이 아마도 O형일 그는 무작정 주변의 무기를 집어 들었는데, 그 무기는 마침 대걸레였다. 그는 집시 소년들을 향해 돌진했다. 대걸레 손잡이 부분인 나무 막대기는 집시 소년들의 머리통을 가격하고, 뒷부분에서는 걸레가 이리저리 흔들리면서 물방울이 공중을 날아다녔다. 돈키호테가 풍차를 공격하는 장면에 버금갈 만한 장관이 2010년, 크리스마스 자정에 연출되었다. 이 촌극은 예수의 탄생과 아무런 관계가 없지만, 굳이 유사성을 찾는다면 인류의 역사가 예수의 탄생 전후로 나뉘었듯 갈라타 광장의 역사가 집시들을 향한 대걸레 습격 사건을 기점으로 갈린다는 점 정도로 볼 수 있지 않을까?

한편 엔긴 아저씨는 집시들의 연주가 시작되는 순간, 창문을 열고 머리를 쥐어 싸매고 있다가 집시킹의 콘서트가 난투극으로 번지자 즉각 광장으로 뛰쳐나가 이 상황을 '관람'했다. 아저씨는 그 대열에 합류하고 싶은 마음이 굴뚝같았지만, 힘이 달리기 때문에 주먹보다 손가락을 쓰는 편이 현명하다고 판단했다. 아저씨는 전화기를 꺼내 들고 경찰에 원조를 요청했다. 경찰은 평소와 달리 빠르게 출동을 했고, 사태는 진정 국면으로 접어들었다.

집시킹 단원들은 머리와 이마에 혹이 나는 부상을 입었고, 구멍가게 주인아저씨는 대걸레 무기를 휘두르느라 녹초가 되었다. 가장 큰 피해자는 통장이었다. 술이 취해 바닥에 쓰러져 집단 공격을 받은 결과 찰과상이 컸던 것이다. 집시킹은 경찰에 연행되었다. 사유는 소음이 아니라 폭행이었다. 난투극은 끝났다. 일주일 동안은 잠잠했다. 가끔 집시킹이 이스티클랄Istiklal, 갈라타 탑에서 멀지 않은 번화가 거리에서 연주하는 것을 보았다. 막는 사람들이 없어서 그런지 시들해 보였다.

12월 31일에서 1월 1일로 넘어가는 순간, 이스탄불 곳곳에서는 폭죽과 불꽃이 터졌다. 나는 마음속으로 소원을 빌었다. '한국에 돌아가 사게 될 로또 복권은 당첨이 안 되어도 좋으니, 올 한 해에는 부디 고요하고, 거룩한 밤이 계속되도록 하소서…'

1초 후, 둥루루루둥둥 삐리리띠리리… 광장에서는 우렁찬 북과 피리 소리가 들려 왔다. 짜잔. 2011년 대망의 한 해는 다시 집시킹과 함께.

어쩌란 말이냐, 음악을 향한 열정을 가눌 수 없는데…. 집시를 막으려면 새해를 막는 수밖에 없다. 하지만 새해를 멈출 재간이 없는데, 어떻게 집시를 막을 수 있겠는가. 아무래도 집시들은 이기는 게임만 하는 것 같다.

흡연 천국, 금연 지옥

나는 물었다.
"무엇을 원하지요?"
그는 답했다.
"당신과 함께 지옥에 있는 것이지요."
-안나 아흐마토바, 손님

2009년 7월 18일이었다. 명품 브랜드가 밀집되어 있는 거리, 니샨타쉬^{Nisantas}에 사는 자페르의 집에서 파티가 있었다. 자페르는 보스포루스 다리의 건설에 참여했던 엔지니어였다. 그는 우연한 계기로 우루과이의 명예 대사가 되었고, 증권업에 뛰어들어 나름 금전적 성공을 거두었다. 하지만 사립 병원에 투자하여 '쫄딱'까지는 아니라도 상당한 재산을 잃은 후 여러 친목회의 비공식적 회장으로 살아가는, 아리프의 30년 지기 친구다.

초대 손님 가운데 한 명인 푸아트는 수십 년 동안 스웨덴에서 문화재 복원가로 살다가 5~6년 전에 터키로 돌아온 화가였다. 그러나 푸아트가 그림보다 더 많은 시간과 열정을 쏟아 붓는 일은 사냥이었다. 그날도 사냥을 갔다가 들오리 몇 마리를 꿰차고 땀 냄새를 풍기며 막 돌아오던 참이었다. 이밖에도 터키 신문 기자, 20여 년 이상 터키의 동부와 흑해의 깊은 산골짜기 마을 초등학교에서 재직했던 교사, 국립병원 산부인과 의사, 사진작가, 영화 조감독, 그리고 필자 등 모두 여덟 명이 자리를 함께 했다.

'억' 소리가 날 만한 부자는 없었지만 그래도 굶고 사는 정도는 아닌, 터키 중산 계급 식자층들이었다. 연령대의 스펙트럼은 30대 초반부터 50대 후반까지 다채로웠고, 직업들도 가지각색이었지만 터키인들을 하나로 엮어주는 코드가 있었다. 담배였다. 하루에 서너 대씩 피우는 끽연가부터 한 갑 내지 한 갑 반 정도를 피우는 정상인들, 그리고 세 갑의 흡연은 기본인 골초들까지 흡연량은 다양했다.

그해는 유난히 습도가 높고 더워서 에어컨을 강하게 틀어놓은 상태였다. 베란다 문을 살짝 열어놓기는 했지만, 실내는 폐쇄 공간이나 다름이 없었다. 그곳에서 애연가 일곱 명이 담배를 피웠다. 나는 2차 대전 때 가스실에서 비명을 지르며 목숨을 잃은 유태인들의 심정을 헤아릴 수 있을 것 같았다.

골초들의 천국

그날 푸아트가 사냥한 들오리들이 사람들을 모이게 했다면, 담배는 최대 다수의 최대 행복을 이끄는 견인차였다. 그들은 그날따라 미친 듯이 담배를 피워댔다. 나름 이유가 있었다. 다음 날인 7월 19일부터 사무실은 물론이고, 레스토랑, 카페, 술집 등의 실내 공간과 정류장 같은 공공장소에서 금연이 전면적으로 시행될 참이었기 때문이다.

터키는 어디다 내놔도 빠지지 않을 골초들의 나라다. 인구로 치면 전 세계 인구의 0.01%를 차지하지만, 흡연율로는 2%, 세계 10위권 안에 든다. 2008년 통계만 하더라도 성인 남자의 48%, 성인 여자의 15%가 흡연자로 집계 되었다. 직업군별로 보면 초등학교 교사의 48.6%, 택시 운전기사의 74.3%, 경찰의 64.7%, 예술가의 46%, 운동선수의 34%가 흡연자였다. 의사, 간호사를 비롯한 의료 관계자들의 43%도 담배를 피웠다. 내가 사는 갈라타 탑 근처에도 크림전쟁 때 지어진 병원이 하나 있는데, 의사, 간호사들은 매일 정원에 나와 담배를 피워댔다.

"금연법은 민주주의에 대한 반역이야. 담배를 어디서 피우고 말지는 개인의 소관이지 법으로 이래라 저래라 할 사안은 아니지."

"담배를 안 피우고 술과 차, 커피를 마시는 행위는 2세의 생산을 목적으로 성적 즐거움을 거세한 섹스와 다르지 않다."

"우리들의 손가락에서 담배를 빼앗는 것은 영혼의 교살이다."

자페르의 친구들은 금연법에 대해 열띤 토론을 했다. 골초였던 기자와 조감독은 검은 머리 파뿌리 될 때까지 담배와 함께 하겠다는 약속을 깨트리지 않겠다며, 금연법의 전면

폐지를 주장하는 강경파였다. 푸아트와 사진작가는 비흡연자들의 권리를 존중해야 하지만, 흡연자들 역시 자유가 있다면서 법의 개정을 요구하는 중도파였고, 임산부와 아기의 건강을 책임지는 산부인과 의사는 이참에 담배를 끊어야겠다는 '어용' 노선을 택했다. 의견은 몇 가지로 갈라졌지만 법의 실효성 여부에 대한 반응은 비슷했다.
"될라나…?"

불법이 아니면 곧 합법!

담배가 터키에 처음 소개된 것은 1600년대 초반이었다. 그 당시 담배로 고민했던 무슬림들이 적지 않았다고 한다. 코란에 담배를 피우지 말라는 내용이 쓰여 있지 않았기 때문이다. 담배는 코란이 쓰이고 거의 천 년이 지나서야 출현한 정체불명의 물건이었다.
"피워도 괜찮을까요?"

이런 경우 무슬림들이 자주 써먹는 말이 있다. '알이바하 알아실리야 al-ibaha al-asliya.' 불법이 아니면 곧 합법이라. 무슬림들은 코란에 쓰여 있지 않다는 것을 코란이 금하지 않는 것으로 해석하고 세속의 즐거움에 유연하게 대처했다.

아프리카 산 커피는 터키를 통해 유럽으로 전해졌지만, 담배는 유럽에서 터키로 전해졌다. 터키인들은 당시 유럽에서 만병통치약으로 알려진 담배에 빠르게 빠져들었다. 오죽하면 이태리 사람들은 골초를 '터키 사람처럼 담배 피운다 Fumare come un Turco'는 말로 표현을 했을까. 당대 터키의 역사가 이브라힘 페체비도 거리의 냄새가 고약해진다고 불평을 했다 하니, 터키인들의 담배 사랑은 하루 이틀에 걸친 얘기가 아니다.

급기야 1633년, 술탄 무라드 4세는 카페의 폐쇄조치를 내리면서 선언했다. '담배를 피우다 걸리면 죽는다…!'

기골이 장대했던 그는 한 손에 50~60킬로그램 무게의 철퇴를 들고, 민간인 복장을 하고는 거리로 나가 직접 순찰을 돌았다. 암행어사로 변장한 술탄은 금연법 위반자들을 그 자리에서 철퇴로 내려쳐 저세상으로 보냈다. 금연법으로 인해 하루에 18명까지 목숨을 잃은 적이 있었다고 하니 술탄의 말은 장난이 아니었다.

세상은 요지경이다. 사실 술탄 무라드 4세도 골초였다고 한다. 어쨌든 무라드 4세가 금연법을 제정한 이유는 국민 건강을 걱정해서가 아니라, 카페에 모인 사람들이 담배를 피우면서 술탄에 대한 음모를 꾸민다는 의심 때문이었다고 한다.

흡연 천국, 금연 지옥

세계사는 금연 정책이 실패의 운명으로 돌아간다는 사실을 보여준다. 1624년 교황 우르반 8세는 담배를 피우면서 재채기를 할 때 성적인 쾌감을 느낄 수 있다는 이유로 담배를 금했고, 성지에서 흡연하는 경우 파문하겠다고 위협했지만 100년 후 금연법은 폐지되었다. 그리고 1779년 바티칸 자체가 담배 공장을 설립하기도 했다.

러시아의 차르, 알렉세이 미하일로비치 역시 1634년에 초강력 금연법을 제정한 것으로 유명하다. 그는 흡연자들의 코를 베거나 파이프를 콧구멍에 쑤셔 넣거나 태형을 가하거나 편도 티켓만 줘서 시베리아로 보내 버렸다. 상습 위반자들은 아예 망나니의 손에 넘겨 버렸다. 하지만 금연법은 1670년대 말에 무효화되었다.

터키도 다르지 않았다. 무라드 4세의 계승자인 술탄 '광인 이브라힘'은 1647년 금연법을 폐지했다. 담배는 급속도로 터키 엘리트들 사이에 퍼져갔다. 담배는 커피, 와인, 아편과 함께 쾌락의 4대 천황으로 군림했다. 담배 파이프는 계급과 부, 취향을 알려주는 상징물이었다. 담배는 또 국가재정의 효자이기도 했다. 오스만튀르크의 주요 수출품목이었을 뿐 아니라 국내의 담배 소비자들에게서도 담뱃세를 넉넉히 걷을 수 있었기 때문이다.

21세기, 터키의 금연법도 실패의 전례를 따라갈까?

터키 총리 에르도안은 누구 못지않은 혐연자이다. 담배 피우는 사람을 보면 그 자리에서 담배를 빼앗아 부러뜨릴 만큼 금연에 대한 의지가 강하다고 한다. 실내 금연법 시행 이후 수천 명의 사복 경찰들이 카페의 고객으로 위장하여 법 위반자들을 적발하기 시작했다. 위반자들에게는 대략 69리라(미화 45달러)를, 흡연자를 묵인한 업체의 주인들에게는 560리라에서 5600리라까지의 벌금을 부과했다.

하지만 벌금을 낸다고 해서 흡연의 기쁨을 쉽게 포기할 수 있을까? 2009년 7월 말, 금연법이 시행되고 약 열흘 후, 에게 해 쪽의 작은 마을 사루한리^{Saruhanli}의 카페에서는 총싸움이 벌어졌다. 주인이 담배 피우려는 사나이들에게 금연할 것을 요구하자, 화가 난 손님이 주인과 종업원에게 총을 쏴 주인은 그 자리에서 사망했고, 종업원은 중상을 입는 사건이 일어난 것이다.

성실하게 법을 준수한 사람들도 있지만, 대부분의 카페 주인들은 금연법에 불만이 대단했다. 매상에 크나큰 타격을 입었기 때문이었다. 터키 전국 각지의 레스토랑, 바, 카페의 영업 모토는 한마디로 요약할 수 있을 것이다.

"흡연 천국, 금연 지옥!"

실내에서 담배를 피울 수 없게 된 고객들은 카페에서 발길을 돌렸다. 카페 주인들은 실

7,00   7,00

7,50 / 7,50   7,25   7,25

6,00   5,50

L&M 4,50 TL   4,50

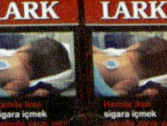

4,50

내 흡연을 고집하는 고객의 총에 맞아 저세상으로 떠나기 전에, 매출 감소로 인해 사는 일이 죽는 것보다 못하게 팍팍해질 것을 염려했다. 그들은 1980년대, 1990년대, 심각한 경제 위기와 인플레, 그리고 바이람 때^{일몰 후 하루 종일 참았던 담배를 몰아 피울 수 있는 시기}에도 이 정도로 힘들진 않았다며 데모를 했다. 또한 실업자와 퇴직자들의 도피처인 카페에서 담배를 피울 수 없다면 이 사람들은 대체 무슨 낙으로 살아가겠느냐면서 동정을 구하는 목소리도 적지 않았다.

위반자들 가운데는 69리라라는 벌금의 숫자에서 성적 상징을 발견한 엄숙주의자들도 있었다. 왜 하필이면 69리라냐면서, 그들은 이 벌금을 59리라나 79리라로 바꾸지 않으면 내지 않겠다고 버티기도 했다.

법의 빈틈을 찾아 벌금을 내지 않으면서도 카페 내에서 담배 피우는 방법을 고안해낸 발명가도 등장했다. 그는 파이프에 담배를 꽂아 담배는 바깥쪽으로, 파이프는 창틀에 괴어 놓고 실내에서 담배를 피워 흡연가들의 '귀감'이 되었다고 한다.

터키에서는 담뱃갑에 모두 14개의 사진을 금연 촉진용 이미지로 사용하고 있다. 하지만 뉴질랜드나 태국, 오스트레일리아처럼 흡연의 결과가 얼마나 끔찍한가를 보여주기보다는 다소 추상적이라 있으나마나한 이미지들이 대부분이다. 흡연자의 신경을 거스르는 것은 이미지보다 경고문이다. '흡연은 폐암을 유발합니다.' '흡연은 주변 사람들에게 해가 됩니다.' '흡연은 어린이의 건강을 해칩니다.' 등등.

여러 경고문 가운데 터키 남자들이 가장 싫어하는 문구가 있다.
"흡연은 정자에 해로우며 생식 능력을 저하시킬 수 있습니다."
대부분의 터키 남자들은 이 경고문이 삽입된 담배를 사면, 담뱃갑이 보이지 않게 포장한다. 다른 건 몰라도 정자를 죽일 수는 없다는 생각이라고나 할까? 정자에 해를 끼치지 않기 위해 다른 방법을 찾는 사람들도 있다.
"아저씨, 이거 폐암이나 임산부 그림으로 바꿔주세요."

위기의 밥상

좆털이 눈썹보다 나기는 늦게 나지만 자라기는 길게 자란다.
–위화, 허삼관 매혈기

옛날 남자들이 집안에서 화가 났을 때 써먹던 방법 가운데 하나는 밥상을 뒤엎는 것이었다. 손이나 발로 밥상을 으랏차차 걷어찬 후, 대개 집 밖으로 나가 버린다. 여자는 쭈그리고 앉아 깨진 그릇들을 주섬주섬 주워 모으고, 반찬과 밥, 국으로 범벅이 된 마루를 훔치다가 바닥을 치며 엉엉 울기 시작한다.
"아이고, 내 팔자야."
엄마가 통곡을 하면 겁에 질려 새끼 고양이처럼 구석에 웅크리고 훌쩍이던 아이들도 큰 소리로 엄마의 통곡에 가세하는 장면이 연출된다.
지금 나이가 오십인 한 터키인 친구는 어렸을 때 밥상이 뒤집어지는 가정 드라마를 한두 달에 한 번꼴로 시청했다고 한다. 드문드문 상연이 된 이 드라마의 주인공은 아버지였다. 상대역인 악역은 형들이 맡았고, 어머니와 누나, 그리고 친구 자신이 조연이었다.
드라마의 내용은 다음과 같았다. 성격이 불같은 주인공 아버지는 매사에 엄격했다. 특히 저녁때는 온 가족이 함께 모여 식사를 해야 한다는 원칙을 철저히 지키는 캐릭터였다. 단 한 사람이라도 빠지면 아버지는 숟가락을 들지 않았다. 갈등의 진앙은 불량기가 있는 형들이었다. 그들은 가끔 카드놀이나 당구에 빠져 저녁 시간을 놓치고, 아버지의 사절인 막내의 전갈을 받으면 사형장에 끌려오는 죄수처럼 풀이 죽어 귀환하곤 했다. 그나마 집 가까운 데에서 놀고 있었으면 다행이다. 누군가 행방불명이기라도 하면 아버지의 분노는 국과 밥의 온도 하강과 반비례하여 뜨거워졌다. 드라마의 절정은 밥상이 뒤집어지는 장면이다.

"이 자식들이, 때가 되면 밥상 앞으로 모일 것이지…."

식솔들의 목숨이 걸려 있는 밥상. 가장은 그것을 책임질 의무도 있고, 뒤집을 권한도 있다고 여긴다. 하지만 사후 처리 전담은 음식을 준비하느라 수고한 어머니다. 괜한 밥을 가지고 세를 과시하려는 마초들이 밥상을 뒤집은 덕에 밥상 차린 여자들의 속은 더 뒤집어진다. 터키와 한국은 수천 킬로미터를 사이에 두고 있는 나라이지만, 이런 세세한 부분에서 유사성을 보이는 게 참 묘하다. 뭐, 양국이 형제의 나라라서 그렇다고 해석할 수도 있겠으나, 그보다는 남자들의 욱하는 성미와 좌식 생활의 합작품이라는 분석이 더 설득력 있지 않을까 싶다. 카펫 위에 다리를 꼬고 앉는 방식으로 인하여 밥상은 이동식이었고, 그래서 손이나 발로 쉽게 뒤집을 수도 있었던 것이다.

호랑이 새끼, 주인을 물다

어쨌거나 아버지가 뒤집는 것은 그렇다고 치자. 반찬이 맛없다는 이유로 자식이 밥상을 뒤엎으면 어떻게 될까? 콩가루도 보통 콩가루 집안이 아니다. 터키 사람들은 이럴 때 '국솥(냄비)을 엎는다 Kazan kaldirimak'라는 말을 사용한다.

국솥이 하극상의 의미를 갖게 된 연유는 이렇다. 오스만튀르크 시대에는 술탄이 친위부대인 예니체리 Janissary의 병사들에게 선물을 챙겨주는 관습이 있었다. 그런데 이 선물이란 게 21세기 한국의 대통령이 명절 때 측근들에게 하사하는 문배주니 김이니 멸치니 하는 특산품과는 차원이 달랐다. 예니체리들은 오스만튀르크가 주변 국가를 정복할 때 선봉에 섰던 주역들이었다. 그들은 실세를 쥔 군사 엘리트였고, 특권층이었다. 술탄은 그들을 '나의 귀여운 양들'이라 불렀다지만, 상황이 달라지면 포악한 늑대로 변한다는 것을 모를 리 없었다. 오스만 제국의 술탄이 무소불위의 권력을 누리고, 주변인들의 목숨을 쥐락펴락했을지라도 아랫사람인 예니체리의 눈치를 보지 않을 수 없는 처지였던 것이다. 그래서 평소에 그들이 불만을 갖지 않도록 다독거리고, 금은보화를 챙겨주곤 했다.

하지만 술탄의 밥상(선물)이 늘 진수성찬은 아니었던 모양이다.

"에이, 우리를 풀 뜯어 먹고 사는 양으로 아나. 반찬이 이게 뭐야?"

밥이야 안 먹으면 그만이지만 단식투쟁만으로는 불만을 전달하기 어렵다. 투정을 부리는 데서 그치지 않는 예니체리들은 술탄이 국을 담아 준 국솥(선물)을

아예 엎어 버리고, 입맛에 맞게 밥상을 제대로 차려줄 사람을 직접 고르기도 했다. 술탄 오스만 2세는 예니체리들을 잘못 다뤘다가 폐위되고 저승길을 재촉한 경우였다.

터키에서 국솥을 엎어버린다는 말은 애지중지 키운 호랑이 새끼가 도리어 주인을 물거나 망치가 약해서 못이 치고 올라오는 경우 등 하극상의 의미를 두루 갖고 있다.

밥상은 누가 엎을 것인가?

아버지가 됐든 아들이 됐든, 밥상의 전복이 집안의 위계질서를 확인하는 수단인 것을 보면, 음식과 권력의 관계가 뗄 수 없는 것만은 분명한 듯하다. 어쨌든 최근에는 한국에서나 터키에서도 밥상을 뒤집는 게 보기 드문 풍경이 되었다. 그것은 가부장적인 남자들이 줄어든 탓도 있지만, 식탁 문화의 보편화와도 관계가 있지 않을까 싶다. 성질이 난다고 묵직한 테이블을 들어 올리려다 실패하면 카리스마만 추락하게 될 것이기 때문이다.

톱하네 폭행 사건

침묵은 그토록 오랫동안 지속되었다.
검은 철조망 너머로 웃음소리가 울려 퍼질 때까지….
—타데우시 루제비치, 웃음소리

2010년 9월, 이스탄불의 톱하네^{Tophane}에 있는 화랑 몇 군데가 공격을 당한 사건이 일어났다. 톱하네는 보스포루스와 이스탄불의 번화가 이스티클랄 거리를 잇는 지역이다. 작년부터 7개의 갤러리들이 연달아 문을 열면서 관광객들뿐 아니라 문화 예술 애호가들의 발길이 부쩍 잦아진 곳이다.

그런데 몇 십여 명의 젊은이들이 오후 9시경 갤러리 근처에 있던 사람들을 폭행하고, 건물의 유리창을 깨는 등 난동을 부린 것이다. 그 결과 현장에 있던 폴란드인, 독일인을 포함해 다섯 명이 부상을 당해 입원했고, 일곱 명이 연행되었다. 이 사건은 단순히 '그것 참 안타깝군' 하고 혀를 끌끌 차며 넘길 일이 아니었다. 적어도 나에게는 그랬다. 눈두덩이 피투성이가 되고, 코뼈가 부러져도 쓰러지지 않고 투혼을 발휘했지만, 결국 KO패를 당한 권투 선수처럼 처참한 얼굴로 링거를 꽂은 채 앰뷸런스에 실려 터키 뉴스와 시사 프로그램에 나온 그 부상자들 틈에 내가 끼어있을 수도 있었기 때문이다.

그러니까 나는 사건 발생 한 시간 전까지 톱하네를 배회하고 있었다. 그날 오후 일곱 시경, 나는 친구를 따라 미셸 콤트라는 작가의 사진전 개막식이 열리는 엘립시스 갤러리를 찾았다. 개막식이라면 거창하게 들리지만, 실상은 작가나 화랑 주인의 지인들이 포도주를 마시면서 안부를 묻는 사교 모임의 성격이 짙었다. 전시는 예술에 대한 근원적 갈망이라기보다는 친구들의 근황을 묻고, 무료한 일상에서 벗어나기 위한 일종의 구실을 제

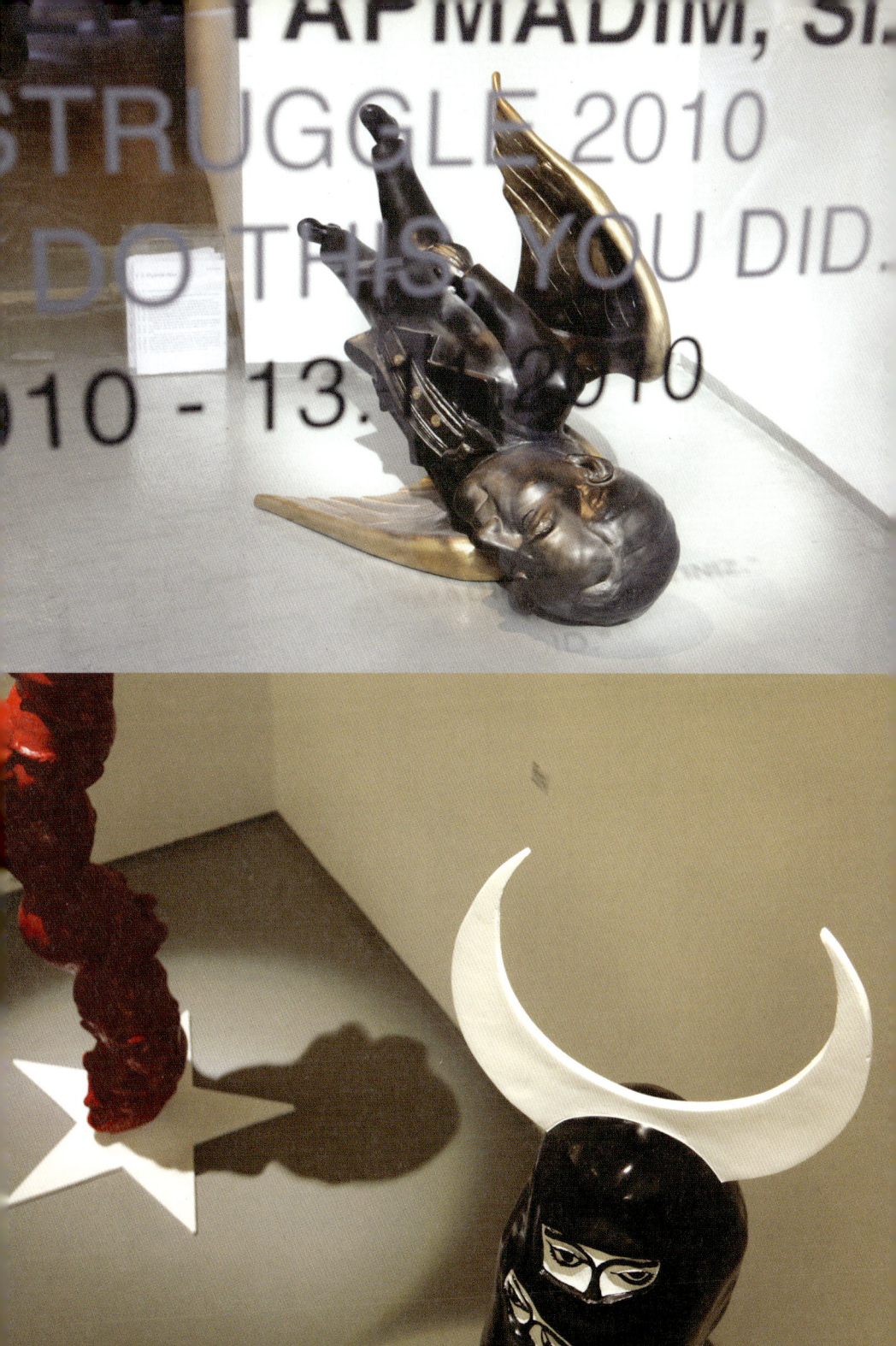

공했다. 방문자들은 꽤 많았다. 서른 평 남짓하는 좁은 공간은 더 이상 발 디딜 곳이 없기도 했고, 실내에서는 금연인 까닭에 사람들은 포도주 잔을 들고 건물 밖으로 나갔다. 인근에 있는 다른 갤러리들도 마침 같은 날 전시회를 열었다. 톱하네의 인도와 차도는 야외 전시장인 양 사람들로 붐볐다. 거리에 의자를 내놓고 앉아 있던 화랑 옆의 이발소와 찻집에 모인 동네 아저씨들은 가게 안으로 들어가 버렸다. 거리는 이방인들의 소음으로 웅성거렸다.

"샤론 스톤을 왜 그렇게 찍어 놨냐." "여자 등에 원숭이를 업힌 것은 신선하지 않아요." "그건 그렇고, 카메라 바꿨다던데. 디지털은 아무리 봐도 플라스틱 같아. 깊은 맛이 없어요" 등등.

뒷담화가 지루해질 즈음, 나는 지인 여섯 명과 함께 맥주 집으로 향했다. 날씨는 선선했다. 가을밤 노천카페에서 들이킨 맥주는 묵은 스트레스를 말끔하게 씻어 내렸다. 한 삼십 분쯤 지났을까. 옆에 있던 친구가 전화를 받았다. 방금 우리가 떠나왔던 톱하네 갤러리 거리에서 폭행 사건이 일어나 몇 명이 두드려 맞았다는 것이다. 갑작스런 난동에 놀란 사람들은 급히 갤러리 안쪽으로 피신을 했고, 괴한들은 진입을 시도했으나 실패하자 유리창을 깨고 다른 갤러리로 진군을 했단다. 몇 분 후, 우리는 새 소식을 들었다. 그 지역에 경찰이 출동하여 참고인 조사가 이루어지고 있다고 했다.

'누가, 왜 그랬을까? 작품이 마음에 안 들어서?'

외계인, 예술과 함께 불시착하다

터키에서 10년째 사업을 하는 독일인 전직 변호사이며 사진 애호가인 게르드는 1972년 모스크바에서 일어났던 불도저 전시회^{모스크바 근교에서 예술가들이 당의 허가 없이 전시회를 열자 당에서 불도저로 작품들을 밀어버린 사건}에 버금가는 사건이라며, 드디어 터키 예술계도 일을 내기 시작했다고 좋아했다. 이래야 예술이 사회적 갈등이라는 도화선에 불을 붙일 수 있다는 거다. 한 터키 친구는 케말리스트^{Kemalist}의 소행일지도 모른다는 의견을 조심스레 내놓았다. 케말리스트는 터키의 국부 케말 아타튀르크의 뒤를 따라 전통적 이슬람주의자들의 반대편에 서서 근대화와 군부를 지지하는 사람들이었다.

톱하네의 한 갤러리는 날개 달린 아타튀르크가 추락하는 조각을 비롯해 케말리즘을 풍자한 작품들을 전시하고 있었는데, 케말리스트들이 그 전시회에 자극을 받았을지도 모른다는 게 친구의 추측이었다. 전시회가 열리기 열흘 전 있었던 헌법 개정 국민투표에서는 군부를 지지하는 케말리스트들이 패배를 했다. 그러자 그 분풀이로 터진 게 이번 사건이라는 것이다. 하지만 30분쯤 후 술집에 도착한 친구의 설명은 달랐다.

"동네 이발소와 찻집, 과일 가게 주인들이 담합을 한 거예요. 오프닝이니 뭐네 하면서 갤러리를 찾아온 사람들이 길거리에 나와 술 마시는 게 아니꼬왔던 거죠. 이슬람 신자들의 짓이에요."

사건 다음 날, 나는 현장 검증을 하는 기분으로 톱하네를 찾았다. 가장 피해가 컸던 갤러리 앞에서는 뉴스 촬영이 한참 진행 중이었다. 중계를 하는 기자 뒤편에서 어린 아이 몇 명이 카메라를 향해 펄쩍펄쩍 뛰어오르며 방송 출연의 기쁨을 만끽하고 있었다. 갤러리 바로 건너편 찻집에서는 스무 명쯤 되는 남자들이 텔레비전을 주시하고 있었는데, 텔레비전에서는 찻집 바깥에서 촬영되는 장면이 생방송으로 흘러나오는 중이었다.

터키의 주요 일간지들은 일제히 이 사건을 1면 톱 기사로 뽑았고, 사설과 칼럼에서도 심도 있게 다루었다. 이스탄불 시장, 문화부 관계자 등은 피해를 입은 갤러리를 방문하여 폭력을 좌시하지 않을 것이라고 강조했다. 문화부 장관은 동네 사람들과 갤러리 주인들을 한자리에 모아 화해 무드를 주선하기도 했다.

사건 경위에 대해서는 몇 가지 추측이 난무했다. 갤러리 밖으로 나와 술을 마시는 사람들에게 한 이슬람 아주머니가 경고를 했다가 시비가 붙었다는 설도 있고, 거리를 메운 인파에게 동네 사람이 지나가면서 길을 비켜달라고 요구하자 오히려 딴 길로 돌아가라고 강짜를 놓는 바람에 그 동네 사람들이 지원 사격에 가담하여 일이 커졌다는 설도 있다. 또 이번 폭력 사태는 우발적인 범행이 아니라 사전에 치밀하게 계획된 것으로, 가해자들이 사용했던 고춧가루와 돌, 칼 등이 그 증거라는 주장도 있다.

굴러온 돌이 박힌 돌을 빼낸다

내 친구는 갈라타 탑 근처에서 십 년째 살고 있다. 탑 곁에는 찻집이 있는데, 불과 2, 3년 전만 해도 차 한 잔 가격은 한국 돈으로 200~300원가량이었다. 하지만 갈라타 탑을 찾는 관광객이 폭증하자 찻값은 네 배 이상 올랐다. 관광객들이 쏟아지면서 현지인들은 자신들이 자주 다니던 찻집, 식당, 그들이 살던 동네를 떠나 좀 더 싼 곳으로 밀려나게 되었다.

갈라타에서 내린 변화의 비가 가랑비였다면, 톱하네에 쏟아진 것은 폭우였다. 갤러리들

그들 사이에는 게이도 있고, 가슴과 허벅지를
훤히 드러내고 다니는 여자들도 있고, 치마를 입고 다니는 남자도 있다.
아주 많이 다른 사람들인 것이다.

은 지난해부터 우후죽순으로 생기기 시작했다. 찻집과 이발소와 야채 가게를 운영하던 주민들은 갑자기 문화 예술의 바람을 타고 불시착한 이상한 나라의 '외계인들'을 목격하게 되었다. 그들 사이에는 게이도 있고, 가슴과 허벅지를 훤히 드러내고 다니는 여자들도 있고, 치마를 입고 다니는 남자도 있다. 아주 많이 다른 사람들인 것이다. 이번 사건은 이슬람 종교의 모욕 행위에 대한 응징으로도 해석할 수 있지만, 그보다는 한결 절실한 문제가 있다.

톱하네가 예술인들에게 인기 있는 지역이 되면서 얼마 전까지만 해도 골조를 드러낸 폐허 건물이 멋지게 새 단장을 하고, 카페와 레스토랑들이 후발 주자로 들어섰다. 임대료가 오르기 시작한 것이다. 몇 달 사이에 두세 배씩 뛰는 임대료를 동네 주민들은 감당하기가 어려웠다.

돌과 칼, 고춧가루 등의 무기를 들고 몰려든 젊은이들의 '행패'는 텃세로 끝날 수 없다. 텃세는 토박이들이 뜨내기들을 길들이는 수단이지만, 톱하네에서는 이 뜨내기들로 인하여 토박이들이 떠나야 하기 때문이다. 굴러온 돌이 박힌 돌을 빼낸 셈이다. 갤러리에 던져진 돌멩이들은 예술에 위축된 생활이 지르는 함성일 것이다. 하지만 한 갤러리 주인은, "아래층 가게 주인이 과일 팔아먹고 사는 것처럼, 나도 예술작품 팔아먹고 삽니다. 우리가 파는 물건들이 다르다고, 비싸다고 해서 두드려 맞아야 하나요?"라고 말한다. 사건이 일어난 후, 화랑 주인들도, 동네 사람들도 친하게 지낼 것을 다짐한다. 그럴 수 있을지도 모른다. 하지만 그렇다고 해서 고속 에스컬레이터를 타고 오르는 임대료가 떨어질 것 같지는 않다.

여행을 할 때는 카페에 앉아 시간을 보내는 사람들의 여유를 찬양했다. 그러나 이스탄불에 살면서부터 그들이 마시는 차와 내뿜는 담배 연기가 고달픈 삶의 편린으로 보인다.

터키 뽕짝과 면도날 클럽

면도날은 말이야, 깊이 그으면 안돼. 위험하지.
살짝만 긋고도 피를 많이 흘리는 게 포인트야, 포인트.

햇볕이 뜨거웠던 여름날이었다. 동네 찻집으로 놀러 갔다가 셔츠 단추를 두세 개 열어젖힌 주인 아저씨의 가슴팍에서 흉터를 보았다. 20센티미터 가량의 사선으로 난 상처들이었다. 알고 싶었지만, 아저씨가 혹시 조폭이었다면 대답하기 곤란하지 않을까 싶어 묻지 않았다. 그러다 몇 주가 지난 후, 궁금증은 꾹 참던 방귀처럼 새어 나왔다.
"이거? 콘서트장에서 면도날로 그어서 생긴 상처야."
"음악 듣다가 자해는 왜 한 거예요?"

나를 술주정뱅이로 만드는 당신은 꽃뱀

아저씨는 친절하다. 유튜브에서 음악 한 곡을 들려주면서 가사를 해석해 주었다. 이 노래의 주인공은 시골에서 농사짓다 먹고 살길이 막막해서 무작정 도시로 상경한 20대 중반의 젊은이다. 청년은 공장에 취직해서 고향으로 꼬박꼬박 돈을 부치겠다는 약속을 하고, 나이 든 부모, 9명의 동생들, 그리고 동네 친척들에게 작별을 고한 후 장거리 버스를 타고 이스탄불로 올라온다. 복잡하고, 시끄럽고, 방향을 알 수 없는 도시에서 물어 물어 동향 출신 친구가 산다는 변두리를 찾아간다. 그곳에는 날림으로 지은 판잣집들이 옹기종기 모여 있다. 청년도 고향 사람들이 많이 사는 쪽에 집을 짓는다. 그리고 우여곡절 끝에 자동차 정비 공장에 취직을 한다.

출세는커녕 목숨을 간신히 연명할 정도의 비천한 삶. 어느 날 정비소에 한 여자가 자동차를 몰고 온다. 운전대를 잡은 그녀의 손가락은 하얗고 길다. 부유한 가정에서 태어나 남부럽지 않게 자란 아름다운 공주 같은 그녀. 정비공은 첫눈에 사랑에 빠진다. 연애 소설에서처럼 그녀도 자신에게 연정을 품어 집안의 반대를 무릅쓰고 결혼에 골인하는 상상을 한다. 그녀가 자동차를 찾으러 오는 날, 정비공은 기름때 묻은 작업복 대신 깨끗한 평상복을 입게 해달라고 사장에게 부탁한다. 멀리서 그녀가 나타났을 때, 그의 가슴은 쿵쾅거린다. 그녀는 그를 바라보면서 사장에게 한마디 한다.
"쟤는 뭔데 작업복을 안 입나요?"
그녀는 수리가 끝난 자동차를 인수 받아 시동을 걸고 떠난다. 부르릉 부르릉, 자동차가 떠나는 광경을 뒤에서 넋 놓고 쳐다보던 정비공은 가스를 뒤집어쓰고 눈물을 흘린다.

70년대, 아저씨를 비롯해서 대다수 터키 청년들은 정비공과 비슷한 삶을 살았다고 했다. 그들이 즐겨 부르던 노래가 아라베스크^{Arabesque}였다. 멜로디나 정서가 한국의 오래된 트로트를 연상시키는 음악이다.

나를 술주정뱅이로 만드는 당신은 꽃뱀/어디로 갔나, 내 사랑, 망할 청소부가 쓸어가 버렸나/내 유일한 벗은 담배와 술/하지만 지갑에 돈이 떨어지면, 너희들도 나를 떠나겠지.

가사도 한국의 트로트처럼 주로 이루어질 수 없는 사랑, 가난, 향수 등이 단골 소재였다. 기러기 아빠에 대한 노래도 많았다. 색다른 것은 기러기 엄마에 대한 노래였다.

독일로 떠난 당신, 제이넵/애 하나는 문턱 위를 기어가고, 다른 애는 포대기에 싸여 울고 있어/빵과 양파만 먹어도 좋으니, 어서 돌아와.

한 가족이 모두 독일로 떠나려 했으나 남편은 일자리를 찾지 못하고, 부인만 간병인으로 취직을 해서 철부지 자식과 함께 터키에 남겨진 남편이 부르는 망부가라 한다. 수십 년 전 터키의 아이스크림 장사들은 대개 이런 뽕짝들을 틀었기 때문에, 어린이들의 애창곡이 되기도 했다.

비루한 삶을 노래하는 만큼 가수들의 어조는 비통하다. 저 푸른 초원 위에~ 짜짜라 짜라짜짜를 부른 남진보다는 돌담길 돌아~서며, 또 한 번 보고, 징검다리 건너갈 때, 뒤돌아보는 나훈아에 가깝고, 그보다는 동백 아가씨의 처절한 운명을 노래하는 이미자의 음색과 비슷한 것 같다.

면도날은 깊게 그으면 위험해

60년대 말 출현한 아라베스크는 현재까지 많은 스타를 배출했는데, 그 가운데 한 사람이 무슬림 구르세스다. 그는 특히 청년층에 두툼한 팬클럽을 거느리고 있었다. 혈기 넘치는 청년들이 하드록도 아닌 트로트 음악에 꽂혔다는 게 생소했다. 찌질이, 룸펜 프롤레타리아, 루저, 막장 삼류 인생이라고 불렸던 젊은이들은 구슬픈 어조에서 자신들만의

GERÇEK FOTOĞRAFLAR
UFAK (VESİKALIK) 150. BÜYÜKLER 200.
BAŞKA İSTEKLERİNİZİ SORUNUZ. ALBÜMDEN BAKINIZ

암호를 발견했던 것일까? 근대화와 자본주의의 사다리를 타고 올라갈 수 없는 빈민층의 어휘를 읽었던 것일까?
루저의 투혼은 '면도날 희생제의'로 표출되었다. 감정이 북받치면 면도날로 스스로의 몸을 그어대는 것이다.
"무슬림, 우리도 당신 노래처럼 피를 흘려요… 보세요…."

면도날. 가슴을 베는 날카로운 삶의 메타포. 동네 찻집 아저씨는 무슬림 구르세스를 '무슬림 바바^{아빠 무슬림}'라 부르는 광팬이었다. 그러니까 비공식 '면도날 클럽'의 일원이었고, 자해 전문가이기도 했다. 70년대 터키에는 광장으로 나가 날선 현실에 맞서 싸웠던 젊은이들이 있었는가 하면, 면도날 클럽 회원들처럼 자신들의 고통을 알아달라고 절규하며 스스로를 피의 제물로 바쳤던 쪽도 있었다.
무슬림 구르세스는 그저 비통한 심정을 노래한 것뿐인데, 자해를 유도하는 사이비 종교 단체의 수장처럼 되어 버려 여간 곤혹스럽지 않았을 것이다. 그는 자제를 당부하지만 콘서트장은 피눈물이 넘실대는 통곡의 굿판으로 돌변하곤 했다. 경찰은 불의의 사태가 생기지 않도록 행사장 입구에서 몸수색을 철저히 했다. '면도날 클럽' 회원들은 경찰의 압수에 대비하여 면도날을 아주 작게 잘라 손가락 사이에 끼우고 입장을 하면서 단속을 피했다고 한다. 아프리카 오지 민족 남자들이 창칼로 몸을 찌르며 용맹을 과시했듯, 콘서트 다음 날에는 팬들끼리 모여 얼마나 그었는지 상처를 비교하며 뒤풀이를 했다.
"면도날은 말이야, 깊이 그으면 안 돼. 위험하지. 살짝만 긋고도 피를 많이 흘리는 게 포인트야, 포인트."
하지만 1983년인가 콘서트에서 아저씨는 그만 평정심을 잃은 나머지 칼날이 깊게 들어간 것도 모르고 가슴팍을 그었다. 게다가 다음 날 자랑을 하려고 소독을 게을리 한 결과 영원히 그 흉터를 갖게 됐다고 한다.

쪽방촌의 진혼곡

빈민들의 터전이 도시의 변두리였듯, 아라베스크도 터키 문화계의 비주류 장르였다. 아라베스크는 터키 전통 가요에 서구 오케스트라, 이집트 음악을 뒤섞은 아랍풍의 음악이란 뜻이다. 족보 자체가 불분명해 출생부터가 논란을 일으킨 천덕꾸러기였던 것. 트로트가 일본의 엔카와 흡사하여 왜색 논란을 불러일으킨 것처럼 터키 전통 음악가들은 아라베스크를 주체성이 없는 터키 음악의 '서자'로 취급한다.

엘리트 문화 쪽에서는 아라베스크의 수준을 문제 삼고, 한탄조에 나태, 무능력, 불확실성을 선전하는 음악이라고 경시한다. 터키의 저명한 피아니스트 파질 사이^{Fazil Say}는 끈끈한 느낌의 아라베스크를 듣는 터키인들이 부끄럽다고 페이스북에 올렸다가 대중의 뭇매를 맞은 적이 있었다. 세상을 바꾸는 데 관심이 있는 좌파 지식인들은 아라베스크가 팔자타령에 급급하다고 질타한다.

심지어는 아라베스크 가수들조차 이 용어를 꺼렸다. 아라베스크 음악의 원조 오르한 겐제바이^{Orhan Gencebay}는 자신의 음악을 아라베스크가 아닌 프리 스타일 터키 음악이라고 규정했다. 트로트라는 말의 어감이 좋지 않으니 아리랑 전통 가요라 부르자 했던 나훈아의 제안이 떠오른다. 어쨌든 음악뿐만이 아니라 아라베스크 문화, 아라베스크 민주주의, 아라베스크 경제, 아라베스크 정치라는 말들도 있는데, 모두 함량 미달에 저질이라는 뜻을 포함한다.

말도 많고 탈도 많았던 아라베스크는 90년대까지도 텔레비전과 라디오 전파를 타지 못했다. 하지만 아라베스크는 가슴에 맺힌 것이 많은 빈민층의 살풀이였고, 지친 영혼을 어루만져 주는 진혼곡이었다. 그래서 서민들이 가는 곳에는 아라베스크가 울려 퍼졌다.

도시 변두리에는 날림으로 하룻밤 사이에 지은 집들이 있다. 이 지역을 게제콘두^{일종의 쪽방촌}라 하는데, 게제콘두 주민들은 아라베스크의 최대 소비자였다. 그래서 아라베스크는 게제콘두 음악이라 불리기도 한다.

시내에서도 아라베스크가 자주 들렸던 곳은 빈민층이 많이 몰려드는 장소였다. 내가 처음으로 아라베스크를 들었던 곳은 시내 중심부의 에미노뉴^{eminonu}광장이었다. 광장은 양말, 신발, 속옷, 머리핀, 장난감 등 생존에 필요하거나, 또 생존에 전혀 필요가 없는 물건들을 파는 무허가 노점상, 땟 국물에 절은 옷으로 코를 닦으면서 휴지나 볼펜을 사달라고 애원하는 어린 소년·소녀들, 고등어 샌드위치를 파는 배에서 피워 올리는 연기와 비린내로 가득했다. 또 도시 곳곳으로 향하는 버스의 종점, 배들의 선착장 등이 있어서 언제나 혼잡했다.

옛 황학동 벼룩시장처럼 비주류 인생의 단면을 보여주는 에미노뉴는 '쌈마이 문화'의 성전이었다. 10년 전만 해도 그 중심부에는 불법 복제 카세트테이프를 파는 리어카들이 있었다. 따리리 쿵짝쿵짝, 따리리 쿵짝쿵짝. 터키 뽕짝이 연신 흘러 나왔다. 뽕짝이 아니라면 어떤 음악이 B급 문화의 심장 박동을 제대로 표현해낼 수 있을까.

슬픈 판타지

터키를 처음 방문했던 2000년. 나는 에미노뉴에서 무작정 버스(마을버스)를 잡아타고 도시 변두리 쪽으로 짧은 여행을 하곤 했다. 버스 안은 움직이는 터키 뽕짝 감상실이었다. 카세트테이프가 음반 산업의 견인차였던 70~80년대는 미니버스가 아라베스크의 이동 홍보차량이었다고. 그래서 아라베스크는 미니버스 음악으로 부르기도 한다. 아라베스크는 관광버스를 춤추게 만드는 한국 트로트와 비슷하지만, 차이점은 있다. 아라베스크가 생존 경쟁의 전장으로 향할 때 듣는 음악이라면, 관광버스 메들리는 일상에서 벗어나 '아싸 좋다'를 외치며 탑승자들을 '홍콩'으로 보내는 흥겨운 춤곡이다. 음악을 듣는 층을 비교해 봐도 한국과는 다르다. 한국에서는 주로 어르신들이나 서너 살짜리 꼬마들 사이에서 뽕짝의 인기가 높다. 할머니 손잡고 동네 문화센터에서 어르신 위로 잔치를 방문한 꼬마들은 송대관과 태진아를 최고의 가수로 꼽는다. 꼬마들은 어느덧 트로트 신동으로 탄생하여, 노래방에서 발군의 실력을 자랑한다. 이런 꼬마들을

끼고 있으면 노래방에서 무료 서비스 받는 것은 일도 아니다. 반면, 터키에서 아라베스크는 주변부 인생, 특히 청년들의 음악이다. 영화 '비열한 거리'의 병구처럼 '땡벌'을 부르는 삼류 인생의 메타포랄까.

세월은 흐르고 아라베스크 역시 팝, 랩과 손을 잡으면서 달라졌다. 삼류 아라베스크는 대중 문화계의 무시할 수 없는 강자로 등극했다. 80년대에는 정치 캠페인 송, 축구장 응원가로 스펙을 확장했다. 90년대 이후부터는 방송과 텔레비전에도 아라베스크에 대한 금지가 풀렸다. 과거의 아라베스크는 반짝이는 스팽글에 빨간 넥타이, 커다란 꽃을 가슴에 달고, 수염을 기른 마초들이 독점하다시피 한 장르였다. 하지만 이제는 LPG나 장윤정처럼 예쁘고 섹시한 여가수들의 댄스 음악이 되었다.
이 부류에는 '판타지'라는 새 이름이 붙었다. 하긴 신바람 이박사의 테크뽕 앨범도 '판타지 스페이스'라 부른다. 심은하가 5차원 연예인이라는데, 그 이유는 그녀가 심수봉의 노래를 흥얼거리기 때문이라고 한 기사를 읽은 적이 있다. 현실의 차원을 '높이고', 청취자를 안드로메다로 보내버리는 데에는 뽕짝이나 아라베스크가 제격이라 이런 이름이 붙은 건가.

나는 가끔, 에미노뉴 광장으로 산책을 나간다. 10년 전과 달리 광장은 깨끗하게 정리가 되었고, 노점상과 불법 복제 음반 리어카들은 사라졌다. 과거 쌈마이 문화의 성전은 지상에서 지하보도로 옮겨갔다. 2007년에는 마을버스에서 음악 연주를 공식적으로 금지한 후 우울한 아라베스크는 유튜브 속에서나 들을 수 있는 역사가 되었다.
"아저씨, 면도칼 클럽이 아직도 있어요?"
"다 옛날 얘기야. 어리석기도 하고. 자해해 봐야 변하는 게 있나. 흉터만 남지."
거리에서는 덜 시리고, 더 즐거운 음악들이 들려온다. 면도날처럼 날카로운 삶이 여전히 누군가의 가슴에 상처를 만들어내고 있다 할지라도 말이다.

이스탄불 김치 열전

김칫독에 엎드린 그 여자의 등에
하얀 눈송이들이 하얗게 하얗게 내리는 집.
내가 함박눈이 되어 내리고 싶은 집.
—김용택, 그 여자네 집

네 살 무렵이었던 것 같다. 겨울이 끝나가던 2월 어느 날, 엄마는 김장독에서 김치 몇 포기를 꺼내 바가지에 담아 이웃집 아주머니에게 건넸다. 그때 엄마와 아주머니는 고개를 뒤로 젖히고 김치를 손으로 쭉 찢어 들어 올렸다가 입 속으로 넣었다. 길게 찢은 김치는 겨울 햇빛에 투명하게 빛났다. 이파리에서는 빨간색 국물이 뚝뚝 떨어졌다. 아주머니들의 건강한 웃음소리와 차가운 겨울 공기 속에 풍기는 새콤한 김치 냄새, 그것이 내 인생의 첫 기억이었다.

김치, 사고 치다

첫 기억까지는 아니겠지만, 터키에도 김치를 각별히 생각하는 사람이 많다. 특히 아리프는 나 못지않은 김치광이다. 배추김치, 깍두기, 총각김치, 열무김치… 약간 코끝을 찡하게 만드는 돌산 갓김치까지 좋아하는 걸 보면 진짜 코끝이 찡해지기도 한다. 아리프는 한국을 다녀올 때마다 반드시 면세점에서 김치를 사오는데, '총각김치', '포기김치'라 쓰인 양철 김치통을 가장 중요한 서류 상자로 사용한다.

아리프가 나의 김치 아쉬람에 들어온 것은 당연한 수순이었다. 배추를 찬물에 씻어서 절이고, 마늘과 생강을 찧고, 눈물을 뚝뚝 흘려가며 양파, 파, 고추를 써는 손끝이 아린 도제 생활을 아리프는 군말 없이 몇 년간이나 했다.

훌륭한 제자를 두긴 했지만, 김치를 담그는 데 제약이 전혀 없는 것은 아니었다. 터키에서 '중국 배추'라 부르는 일반 배추는 날씨가 추워져야 시장에 나왔다. 찾는 사람이 많지 않아 값도 비싼 편이었다. 집 근처에 있는 베이올루^{Beyoglu} 시장에서는 한 포기에 7~10리라(5000~8000원가량), 좀 먼 시장을 가면 3~5리라에 살 수 있지만, 교통비를 합치면 별 차이가 없었다. 한마디로 배추김치는 사치스러운 음식에 속했다. 반면 속이 꽉 들어차고 5킬로그램쯤 나가는 양배추는 한 포기에 3~5리라(2000~3000원)만 줘도 살 수 있다.

어느 해 가을, 우리는 거대한 양배추 두 포기로 김치를 담았다. 10킬로그램이나 되어 양이 만만치 않았는데, 큰 통이 없어서 집안의 모든 그릇을 동원했다. 냉장고도 작은 편이라 반은 바깥에서, 나머지 반은 냉장고 안에서 익어갔다. 일주일 동안 여행을 하고 돌아왔더니 김치는 신 냄새를 팍팍 풍겼다. 나는 매일 아낌없이 김치를 볶거나 국을 끓여먹었다. 뭐, 여기까지는 좋았다. 그런데 어느 날 오후, 김치를 지져 먹고 입술에 묻은 고춧가루를 닦는 순간, 누군가 문을 두드렸다. 가스 안전 검침 요원이라고 했다. 이 건물에서 가스가 새는 것 같다는 신고가 들어와 집집마다 돌아다니는 중이라나….

정말 가스 누출 사고가 나는 게 아닌가 가슴이 출렁했다. 동시에 김치가 사고를 친 게 아닌지 제 발이 저리기도 했다. 외국에서는 오징어만 구워 먹어도 시체 타는 냄새가 난다며 신고가 들어온다고 하니 말이다. 안전 검침 요원은 건물 계단을 오르락내리락하며 장비를 작동시키더니 큰 소리로 알렸다.

"걱정 마세요. 마늘 냄새예요."

마법의 까나리 액젓

두 해 전 여러 친구들과 함께 한 미국인이 찾아왔다. 아리프는 차와 함께 김치 한 접시를 내왔다. 미국인은 김치 반 포기를 빠른 속도로 먹어 치우고는 중얼거렸다.

"밥만 있으면 '딱'인데…."

91 | 일상의 지도

그는 운이 좋았다. 마침 찬밥이 남아 있었다. 미국인은 남은 김칫국물을 밥에 넣고 쓱싹 비벼 먹으며 속이 시원하다고 했다. 한국에서 1년간 영어선생을 했는데, 그때 김치에 중독이 되었다고 한다. 여유 자금이 생기는 즉시 김치 냉장고를 사겠다고도 했다.

"새콤하고 매콤한 맛이 절묘하게 어우러져 있죠. 록음악처럼 자극적이고, 사람을 흥분시키는 매력이 있어요."

그가 김치 맛을 묘사하는 것을 들으면서 문득 재미난 생각이 떠올랐다. 충분히 먹고 살 만한 처지가 된다면 다양한 김치를 맛볼 수 있는 김치 바를 만들고, 포도주 소믈리에(맛 감별사)처럼 김치 소믈리에를 양성하면 어떨까?

'아, 까나리 액젓과 새우젓이 환상의 궁합을 이루는군요. 신안의 포근하고 따스한 바닷바람이 부드럽게 절여진 배춧잎에서 느껴집니다…. 김치 냉장고에서 익은 김치는 전체적으로 고른 맛이 나는데, 이 김치는 각 부분의 발효 정도가 무지개처럼 다채롭고 입체감이 있어요…. 동굴이나 땅속에 보관한 김치 같군요. 이런 김치들은 울퉁불퉁한 돌담이나 삐걱거리는 마루가 있는 오래된 한옥을 떠오르게 하지요.'

김치 소믈리에는 없었지만, 그 자리에 있었던 여러 친구들이 아리프의 김치 신공에 찬사를 보냈고, 김치를 어떻게 만드는지 꼬치꼬치 캐물었다. 아리프는 김치를 직접 담근 무용담을 윗입술에 힘을 주어 말했다. 그는 특히, 액젓을 강조했다. 다른 재료들은 모두 이스탄불에서 구할 수 있지만, 찝찔한 젓국이야말로 김치 맛을 좌우하는 마법의 재료라며, 진짜 한국의 까나리 액젓이 들어간 자신의 김치가 정통파라고 말할 땐 긍지를 느끼는 모습이 역력했다.

마누라, 밥 차렸어

터키 사람들은 김치뿐만이 아니라 다양한 요리를 만드는 일에 관심이 많다. 남자들도 예외는 아니다. '마누라, 밥 차려와~'라고 명령하는 마초 같은 사내들도 요리법에 관심이 많은 것을 보면 부엌과 남자의 카리스마가 반비례한다고 여기는 한국적 관습과는 사뭇 다른 모양이었다.

올해 나이 예순이 넘은 화가 사바하틴은 그림만큼이나 요리를 즐긴다. 부인인 규르셀은 남편이 부엌에서 하루의 대부분을 보내는 것에 불만이 많다. 새롭고 맛있는 요리를 자꾸 해 먹여서 자신이 뚱뚱해진다는 것이다. 물론 규르셀이 쉰이 넘어 나잇살이 찌는 탓도 있겠지만, 거부하기 어려울 만큼 맛좋은 남편의 요리가 그녀의 체중 증가에 큰 역할을 한다는 게 억지소리는 아닌 것 같다.

사진작가 오메르 오르훈도 사바하틴 못지않은 요리광이자 미식가였다. 그는 정기적으로 이스탄불의 여러 식당들을 순례하는데, 그 가운데에는 한국 식당도 끼어 있다. 워낙 단골이라 식당 주인은 오메르에게 김치를 무제한 무료로 공급한다고 한다(외국 식당에서는 반찬 가격을 따로 받는다).

그날, 미국인과 함께 방문했던 오메르는 이미 김치 맛을 잘 알고 있던 까닭에 아리프에

게 박수만 치고 있지는 않았다. 둘은 김치를 두고 중원에서 겨루기로 했다. 그때부터 오메르와 아리프의 주요 화제는 사진에서 김치로 옮겨갔다. 오메르의 전화는 부쩍 잦아졌는데, 때로는 밤 11시가 넘어서 마늘과 생강의 양에 대해 물은 적도 있었다.

동짓달 기나긴 밤, 한 허리를 버혀내어, 김치 담그는 날, 구비구비 펴리라.

나는 김치에 관한 한 최선을 다해 상담에 응했다. 젓갈이 없는 만큼 새우나 오징어 따위의 해산물을 끓여서 넣어도 괜찮다는 조언도 덤으로 해주었다. 그로부터 3주 후, 아리프와 오메르 사이에 대망의 김치 배틀 1회전이 벌어졌다. 오메르는 당시 애인이 없어서 나 혼자 참가자 겸 심사위원까지 맡았던 타이틀 매치였다. 결과는 아리프의 압승이었다. 팔이 안으로 굽어서가 아니었다. 아리프는 피눈물 나는 수련을 거쳤던 탓에 수준급의 김치를 선보였다.

반면 오메르는 배추를 절이는 데 실패했다. 또 고춧가루도 너무 적게 넣었다. 차라리 넣지 않았다면 백김치의 정체성이라도 부여하겠지만, 김치는 빳빳한 흰색 도화지에 고춧가루를 쳐놓은 것 같은 모양이었다. 실망스럽기는 했으나 승패를 좌우한 것은 재능이라기보다 직접적인 지도 편달과 원격 상담의 차이가 아닐까 싶다는 말로 심사평을 내렸다. 김치 때문에 의가 상하면 안 되니까 말이다.

오메르, 대장금의 빙의 입다

김치 배틀 2회전은 2010년 1월 말에 있었다. 사실 이날은 아리프가 참가하지 않았기 때문에 오메르의 단독 리사이틀이었다. 오메르는 큰 김치 통 하나를 가져왔다. 김치 맛을 보러 온 사람들 모두가 내게 엄하고도 공정한 심사를 요청했다.

"앗, 오메르 당신은 대장금의 빙의라도 입은 것인가?"

드라마 대장금은 터키 텔레비전에서도 방영이 되어 터키 사람들에게도 꽤 인기가 있었다. 오메르에게는 최고의 찬사였다. 그의 김치는 사기를 돋우기 위한 빈말이 아니라 정말 훌륭했다. 외국인이 완벽하게 한국어를 구사할 때의 느낌이랄까. 오메르는 식당 주인에게 조언을 얻고, 인터넷 사이트를 뒤지고, 몇 번이나 김치를 담으면서 실력을 갈고 닦았다고 했다.

오메르는 김치 한 포기를 남겨 주고 갔다. 김치 선물만으로도 눈물이 날 지경인데, 그것도 터키 남자가 담아준 것이라니…. 마침 한 달 반 동안 유럽 여행을 하고 돌아와 몸과 마음이 지친 상태였기에 김치 맛은 특별했다. 그는 내가 마지막 국물 한 방울까지 먹어 치웠다는 얘기를 듣고 노벨상 수상이라도 받은 양 감격스러워했다.

오메르는 2010년 2월 말, 이스탄불 중심가 베이올루의 한 갤러리에서 워크숍을 열었다. 그는 워크숍의 주제를 사진과 음식으로 정하고, 직접 김치를 만들면서 사진 얘기를 했다. 터키 케밥이나 그가 좋아하는 인도 카레, 그리고 터키에서도 널리 알려진 스시가 아니라 왜 만들기 복잡한 김치를 골랐냐고 물었는데, 오메르의 대답은 의외로 간단했다.
"맛있잖아요."
그날 워크숍에서 김치는 터키인들에게 청양 고추만큼이나 강렬한 인상을 남겼다.

며칠 후, 오메르는 자료를 정리하기 위해 워크숍이 열렸던 장소를 다시 찾았다. 그때 책임자는 오메르에게 신신당부를 했다고 한다.
"맛은 좋은데요, 다음에는 다른 음식을 골라 주세요. 마늘 향이 구석구석 배어서 오래 가더라구요. 그래서 김치를 잊기는 더욱 어렵겠지만요."

İşçi

ANKARA...

Çelik: 2 r genç eme kayıt dışı

ANKARA - Çalışma ve...

Çelik: Türkiye'nin düzeyi yükseliyor.

part 02

가자, 5차원으로

메카로 가는 거북이 있었대요.
그렇게 느린데 메카에 닿기 전에
죽겠다고 누군가 말했죠.
그러니까 거북의 대답이,

가다가 죽더라도
메카로 가는 길 위에서
죽으면 행복할 거라고….

다르게 생각하라!

"앞도 보지 못하는 사람이 왜 등불을 들고 다닙니까?"
"내가 이 등불을 들고 걸어가면, 눈이 보이는 사람들이 나를 발견하여 서로 부딪히는 일은 없을 것이기 때문입니다."
―탈무드

처음 터키를 방문했을 때부터 나는 이 나라가 마음에 들었다. 뭐가 그렇게 마음에 들었냐고 묻는 분들이 계신다면, 글쎄… 뭐였을까? 딱히 꼬집어서 얘기하기는 힘들지만, 터키 사람들은 좀 다르게 생각하는 것 같았다. 어딘지 모르게 별세계에서 산다고 할까. 터키인들은 자신들이 5차원적 인간이라는 사실에 자부심까지 갖는 듯 보이기도 했다. 유머 사이트에나 나올 법한 황당 사건들이 중요한 정치 사안들과 더불어 신문의 주요 지면을 차지하는 일도 많았다. 아래 에피소드들은 모두 터키 일간지에 실린 실화다.

Episode 1. 파리를 죽여!

어느 날 한 남자의 목구멍으로 파리가 날아 들어갔다. 가시만 걸려도 답답한 것이 목구멍인데, 하물며 파리처럼 큰 생물체가 윙윙대고 있으니 숨을 쉬기도 불편했을 것이다. 남자는 물을 마셔 봤지만, 파리는 엄청난 투혼을 발휘하며 제자리를 지켰다. 남자는 손가락을 넣어 보았으나 길이가 짧아 파리까지는 도달하지 못했다. 쇠막대기를 구부려 쑤시기도 했다. 그러나 괜한 목구멍을 할퀴어 자신의 피만 보았을 뿐이었다.

하여 남자는 강력한 조치를 취하기로 했다. 살충제를 뿌리기로 한 것이다. 그는 파리의 흔적이 느껴지는 곳을 향하여 살충제를 정조준하고 가차 없이 살포했다. 남자는 목적을 달성했다. 애석한 일은 남자도 파리의 뒤를 따라 저세상으로 갔다는 사실이다.

Episode 2. **춤과 함께 한 내 인생**

땅거미가 내리는 저녁 무렵, 고속도로를 운전하던 사내가 있었다. 라디오를 틀자 호로스Horos 음악이 흘러 나왔다. 호로스는 케멘체라는 흑해의 민속 현악기로 연주하는데, 멜로디는 단조롭고 톤은 높으며, 빠른 리듬이 특색이다.

호로스 음악과 그에 맞춘 춤은 멸치잡이에서 모티프를 따왔다고 한다. 넓은 바다에서 집단으로 유영을 하다가 갑자기 그물에 걸려 당황하는 멸치들의 파닥거림을 흉내 낸 것이란다. 가슴에 멜론 두개를 달고 있는 아주머니들이나 배에 늙은 호박이 매달린 아저씨들도 어깨를 나란히 하고 춤을 춘다. 긍정의 눈으로 보자면 흥에 겹고, 반대의 시선으로 평가하자면 방정맞아 보인다.

운전자는 평소에 즐겨 듣던 호로스 음악이 나오자 자신의 손과 발, 어깨, 머리뿐 아니라 심장을 비롯한 오장 육부가 모두 배 바깥으로 나와 춤을 추겠다는 아우성을 느꼈던 모양이다. 그는 내면의 욕구를 멈추기보다는 고속도로 한가운데에 자동차를 멈추는 쪽을 택했다. 그리고 도로로 나와 음악에 맞춰 춤을 추었다. 통행량은 한산했지만 자동차가 전혀 없지도 않은 날. 사내는 뒤에서 질주해오던 자동차에 치여 유명을 달리했다.

Episode 3. **폭탄, 가져가세요**

어느 날 지방 도시의 한 은행에 강도가 들었다. 그는 가짜 총을 창구의 여직원에게 들이대면서 가방에 돈을 채우라고 협박했다. 직원은 부들부들 손을 떨면서 가방에 돈을 차곡차곡 넣고 지퍼를 단단히 잠근 후 강도에게 넘겨주었다. 그러자 강도는 창구 앞에 다른 가방을 놓고 낮은 목소리로 말했다.

"이 안에 폭탄이 들어 있는데 말야, 내가 사라지면 경찰에 신고해. 와서 치워줄 거야."

강도는 유유히 돈 가방을 들고 은행 문을 나섰다. 그 순간 여직원이 폭탄 가방을 들고는 그를 불러 세웠다.

"저기요, 이거 그쪽 물건이니까 가져가세요."

"위험 물질이야, 아가씨."

강도는 가방을 은행 출구 옆의 의자에 던져 놓고 문을 열었다. 그러자 여직원은 다시 그 가방을 들고 강도의 옷자락을 붙잡았다.

"우린, 이런 거 필요 없다구요. 가져가라니까 왜 말을 안 듣는 거예요?"

"당신 미친 거 아냐? 나도 필요 없거든요. 은행에 터지라고 놔둔 거라니까."

강도는 돈 가방만 챙기고는 훌쩍 떠나버렸고, 여직원은 은행 앞에서 가방을 든 채 서성거렸다.

"이 폭탄을 가지고 들어가, 말아…."

이 과정은 모두 CCTV에 찍혀 세간에 알려졌다.

Episode 4. 훼방꾼에게 생긴 일

한 남자가 자살을 하기 위해 기차가 달려오는 궤도에 누워 있었다. 기관사는 극적으로 기차를 세울 수 있었다. 기관사가 남자의 생사 여부를 확인하기 위해 기차에서 내렸는데, 누워 있던 남자는 기관사에게 시비를 걸었다.

"당신이 뭔데, 남의 일에 참견하는 거야?"

"그래도 그렇지, 내가 운전하는 기차에 사람이 깔려 죽는 걸 어떻게 보고만 있으란 말이요."

"내가 죽든지, 말든지 당신이 상관할 바 아니잖아. 당신이 내 목숨 책임 질 거냐고?"

자살에 실패한 남자는 기관사가 훼방을 놓았다며, 기찻길 위에 깔린 돌로 기관사를 마구 폭행하고 달아났다. 기관사는 거의 죽다 살아났는데, 막상 죽으려 했던 그 남자가 어떻게 되었는지는 알려지지 않았다.

Episode 5. 일을 똑바로 하라구!

한 여자가 4층짜리 건물 발코니에서 뛰어내리려고 했다. 하지만 여자는 우물쭈물했다.

아마도 진짜 뛰어내려야 할지 확신이 서지 않았던 것 같다. 그 사이 군중이 모여들었고, 소방차도 출동했다. 소방수는 여자가 목숨을 부지할 수 있도록 바닥에 안전 매트를 설치했다.

여자는 안심을 했는지 그제야 뛰어내렸다. 하지만 세상 일이 뜻대로만 이루어진다면 얼마나 좋을까. 여자는 매트 대신 땅바닥에 떨어졌다. 목숨을 건지기는 했으나, 전신 마비가 되었다. 1년 후, 여자는 소방수를 고소했다. 소방수가 추락 지점을 정확하게 계산하지 못해, 즉 불성실한 업무 이행으로 인해 자신의 몸이 마비되었다는 이유로 말이다.

엉덩이 사용 설명서

청년이여, 큰 엉덩이를 품어라!
–데라야마 슈지, 책을 버리고 거리로 나가자

아리프는 입이 걸다. 욕을 유독 좋아해서가 아니다. 아다나 출신이라 그렇단다. 그 지방에는 남녀노소, 교육 수준, 직업, 신분, 경제적 지위와 상관없이 욕을 입에 달고 사는 사람이 많다. 고운 말을 즐겨 쓰고, 지적으로 보이는 아나다 출신의 산부인과 의사인 귤네 할도 비속어를 들으면 고향 생각이 나서 마음이 편해진다고 한다.

재작년에는 뮌헨에서 세르필이라는 친구를 만났다. 간병인이면서 연극배우이기도 한 세르필은 터키의 아다나에서 태어났지만, 생후 8개월부터 독일에서 자랐다. 작년 여름, 세르필은 이스탄불을 방문해서 2주쯤 머물다 돌아갔다. 돌아가는 날, 세르필은 면세점에서 남은 돈을 몽땅 털어 터키 술 라크_{물을 섞으면 하얘지는 터키의 전통주}를 샀다.

세르필은 가장 싼 비행기표를 샀던 까닭에 슬로베니아에서 비행기를 바꿔 타야 했다. 그런데 공항 직원이 다른 나라 면세점에서 산 주류는 반입이 안 된다며 술을 압수하려고 했다. 세르필은 바로 눈치를 챘다. 직원은 규정 때문이 아니라 자신이 먹고 싶어 술수를 쓴다는 것을.

'그래, 내가 먹지 못하는 술, 남한테 줄 수는 없지.'

세르필은 술병을 들어 직원의 책상에 대고 와장창 깨버리면서, "에이… 시케림_{X발에 해당하는 터키욕}!"을 반복하며 난동을 부렸다. 경찰이 곧 출동을 했다.

독일 여권을 가진 터키 여자 테러리스트, 슬로베니아 공항에서 전격 검거!

시나리오가 이렇게 흘러갈 가능성도 없지는 않았다. 다행히 세르필은 감옥이 아니라 비행기에 올라 탈 수 있었다. 독일에서 수십 년을 살아온 시민권자이지만, 세르필은 욕을 해야 하는 순간이 올 때마다 느낀다고 한다. 자신의 몸속에 뜨거운 아다나의 피가 흐르고 있음을.

터키어 욕 사전은 전 세계 어디다 내놔도 밀리지 않을 두께를 자랑한다. 터키 비속어의 완전정복은 결코 쉬운 일이 아닌 것이다. 그래도 비속어 학습에 왕도는 있다. 욕이란 사투리랑 비슷해서 무릇 영어 단어 공부하듯이 암기하기보다는 자주 사용하는 환경에서 살아야 제대로 구사할 수 있는 법이다. 터키어라고 해봐야 간단한 회화 몇 마디밖에 모르는 나지만, 터키어 비속어에 관한 한 권위자까지는 아니라도 상당 수준에 올랐다고 현지인들에게 높은 점수를 받는다. 그 모든 영광은 아다나 출신들에게 돌리고 싶다. 어쨌든 성적인 표현, 비속어의 느낌이 덜 나고, 평소에도 다용도로 활용할 수 있는 엉덩이에 관한 관용구 몇 개 정도는 뗐다고 판단하기에 이 자리를 빌려 소개하고자 한다.

짐은 그대의 엉덩이를 지켜주겠노라

2009년, 파리에 처음 갔을 때였다. 국립 도서관 근처로 기억한다. 머리에 터번을 쓰고 콧수염을 기른 남자와 유럽인이 얼굴을 마주보는 포스터가 붙어 있었다.
"터키 냄새가 나는데…!"
아리프는 포스터를 자세히 들여다봤다. 프랑스는 해마다 한 나라의 문화와 예술을 집중적으로 소개하는 행사를 마련하고 있는데, 그해는 마침 터키 시즌이었다. 포스터는 터키와 프랑스의 외교사를 보여주는 전시에 관한 것이었다.
"술탄 술레이만Sultan Suleiman이야. 오스만튀르크 제국의 황금기였지. 16세기 초, 스페인이 프랑스에 선전 포고를 했을 때, 프랑스와 1세는 딱히 동맹국을 찾지 못한 상태에서 이교도인 오스만 제국에 원조를 요청하지. 술탄은 답장을 해. '제국의 군주요, 술탄 중의 술탄이며, 칸 중의 칸이고, 독실한 신자들의 지휘자요, 우주의 주인인 예언자의 계승자이며, 콘스탄티노플, 아드리아노플, 부르사 세 도시와 다마스쿠스와 카이로와 아르메니아, 마그리스, 바르카, 카이루안, 알레포, 아짐, 바르사, 엘 하사(이하 47개의 지명 생략)의 황제이시니…' 반 페이지에 달하는 자뻑. 그리고 결론은 한 줄, 짐은 그대의 엉덩이를 지켜주겠노라."
"엉덩이를 지켜준다고?"
"목숨을 구해준다구…."
원어는 다음과 같다. Sultan Suleiman Fransoinin götnu kurtard(술탄 술레이만은 프랑스와의 궁둥짝을 지켜줬다). 영어에서도 비슷한 표현을 쓰기는 하지만, 나는 터키어 어감이 왠지 마음에 들어 이 문장을 통째로 외웠다. 내게 터키어를 아느냐고 물어오는 사람들에게는 이 문장으로 대답을 했다. 외국인이 정색을 하고 궁둥짝을 구해줬다고 말하는 것도 그렇지만, 특히 술탄 술레이마이 프랑스와 1세를 살려줬다는 대목에서 터키인들은 자긍심을 갖는 것 같았다. 아리프는 '십 년 감수했다' 등의 의미로도 '궁둥짝 살았네'라고 말했다. 길을 건널 때도 항상 '궁둥짝을 조심 Götnu kola'하라고 했다.

엉덩이는 당신의 인격

왜 하필이면 엉덩이인가. 아리프의 해석에 따르면 목숨과 엉덩이의 관련성은 투르크 유목민과 전사들의 전통에서 유래한다. 앞이나 옆에서 공격하는 적과는 싸울 수 있지만, 뒤쪽은 생명의 사각지대다. 누군가의 엄호가 없을 경우에는 목숨을 잃기 십상이다. 그래서 엉덩이를 지켜준 사람은 생명의 은인으로 취급한다는 것이다.

'궁둥짝을 조심'하라는 표현이 유목 생활과 관련이 있다는 가설 역시 그럴 듯하다. 1500여 년 전 중앙아시아에서 서쪽으로 전진해 온 투르크인들에게 말은 유일한 교통수단이었다. 달리는 건 말이라는 생각이 그들의 무의식 깊은 곳에 잠재되어 있는 것이다. 종횡무진 말을 몰듯이 거칠게 자동차를 운전하는 사람들, 유목민의 피를 물려받은 티가 확실하다. 이 사람들은 자동차와 말의 차이점을 두 가지로 정리하고 있다. 자동차는 석유를 소비하는 데 비해 말은 풀을 먹는다는 것. 또 하나는 말은 발정기가 있는데 자동차는 없다는 점.

터키 도로에는 횡단보도나 신호등도 변변치 못하다. 하긴 자동차를 말과 혼동하는 사람들이라면 도로를 초원으로 취급하는 게 놀라운 일도 아니다. 길을 건너는 일이 목숨을 건 줄타기와 비슷한 터키 도로에서 조심할 부분은 역시 보이지 않는 궁둥짝이다.

우리는 아주 긴장되거나 공포스러울 때 모골이 송연하다거나, 등에서 식은땀이 흐른다는 표현을 쓰는데, 터키인들은 '똥꼬에서 땀 난다 götunden ter damliyor'고 말한다. 이 표현을 가르쳐 준 사람은 엔긴 아저씨다.

아저씨는 스위스 바젤에서 25년 동안 골동품상을 했다. 그러다 2000년대 초반, 그 일을 접고 새로운 직업을 찾아 여행을 계획했던 차에 멋진 가게를 발견했다. 너무나 마음에 드는 장소라서 여행을 다녀온 후에도 임자가 나타나지 않으면 계약을 고려해 보겠다고 말하고는 두 달간 자리를 비웠다.

여행을 마치고 돌아와 보니 가게는 여전히 아저씨를 기다리고 있었다. 아저씨는 주인들과 함께 멋진 식당에 가서 포도주를 마시며 계약서에 사인을 하려고 했다. 그런데 그 순간, 지난 25년 동안 '구텐 모르겐$^{독일어 아침 인사}$'으로 시작해서 '오늘도 물건이 많이 팔리게 해주셔서 감사합니다'로 마무리 짓는 새장 속의 나날들을 또 다시 되풀이해야 하나 하는 공포감이 엄습해 왔다.

"똥꼬에서 땀이 뚝뚝 떨어지는 게 보일 지경이었어."

결국 주인들은 바닥에 흥건하게 떨어진 땀의 의미를 이해하고는 계약 파기에 동의했다고 한다. 참고로 터키에서는 엉덩이 göt가 똥꼬를 포함하기 때문에 굳이 구별하지 않고 상황에 따라 달리 해석한다고 한다.

며칠 전에는 지중해의 작고 아름다운 도시 페티에^{Fethiye}에서 '데르비쉬 로지'라는 펜션을 운영하는 친구가 놀러 왔다.

"몇 년 안 본 사이에 흰머리가 많이 생겼네."

아리프의 말에 친구는 한마디 더 거들었다.

"머리털뿐일까. 똥구멍 털도 샜어."

나는 어떻게 그가 자신의 똥구멍 털의 색깔을 아는지 물어봤다.

"제가 사진을 찍기 시작하면서 인간 몸뚱아리가 어떻게 생겨먹었는지 궁금하지 뭡니까. 그래서 거울을 들고 샅샅이 살펴봤죠. 평소에는 눈에 안 띄는 구석까지 말이에요. 똥구멍 털이 하얗더군요. 벌써 12년 전 일이에요. 그래도 앞은 아직 쌩쌩하답니다."

그는 주먹을 불끈 쥐어 보였다. 똥구멍 털이 샜다는 말은 '숟가락 들 힘도 없으면서' 라는 표현처럼 자신의 능력과 무관하게 '밝히는' 남자들에게 쓰는 표현이다.

지하철이나 광장 등 사람들이 붐비는 장소에서는 '엉덩이에서 엉덩이 사이 göt göte' 라고 말한다. 엉덩이 들이밀 틈이 없을 만큼 혼잡하다는 의미다. 발 디딜 틈이 없다는 한국어 표현과 상응한다. 엉덩이가 신체에서 가장 큰 면적을 차지하기 때문에 이렇게 표현한다고…. 벤치 등에서 빈자리를 찾을 때에도 '제 엉덩이 좀 붙일 자리가 있을까요?' 라고 묻는다.

이밖에도 똥꼬와 관련된 표현은 많다. 추운 겨울, 몸이 꽁꽁 얼었을 때는 '똥꼬가 시리다, 얼었다 götum dondu' 라고 말한다. 똥꼬가 얼 정도라야 제대로 추운 것이다. 파산, 재판의 패소 등 계획한 일이 수포로 돌아가거나 재산을 잃었을 때는 '똥꼬에 뭔가 들어왔다 götume giridi' 라고 말한다. 똥꼬는 본래 노폐물의 배출구이지 이물질이 들어오는 통로는 아니기 때문에, 뭔가 들어올 때는 재수가 없어서 일이 잘 안 풀린다고 여긴다. 낭패를 봤을 때에는 '엉덩방아를 찧었다 göt ustu oturdu' 라고 한다. '똥꼬에서 흘렀다 götunden akt' 는 쓸데없는 소리, 실언을 했을 때 사용한다. 잘잘못을 가릴 때는 '그래, 까보자. 누구 엉덩이가 희고 까만지 ak göt, kara göt.' 라고 말한다.

엉덩이는 정력의 상징이요, 신체의 정직한 온도계이며, 정신 상태의 거울이고, 운의 척도가 된다. 나아가서 엉덩이는 목숨을 대변한다. 못된 송아지라서 뿔이 나거나 울다가 웃어서 털이 나는 엉덩이, 뒤에 감추어져 있던 또 다른 '인격' 엉덩이를 터키에서 재발견한다.

바벨탑

신이 우리를 고독하게 만들어 놓음으로써
우리들 자신으로 이끌어들이는 길은 수없이 많다.
–헤르만 헤세, 데미안

이스탄불에서는 주로 이스티클랄^{Istiklal} 거리로 산책을 다녔다. 이스티클랄 거리는 이 도시에서 가장 넓은 보행자 도로로, 공원이나 산책로가 아쉬운 사람들에게는 유일한 해방구였다. 나는 오후가 되면 출근을 하듯 이스티클랄 거리를 오갔다. 나 같은 사람들도 많은지 매번 같은 시간대에 비슷한 사람들과 마주쳤다. 행인들의 외모는 거기서 거기였다. 매일 수백만의 인파가 쏟아지는 이 거리에서 개인의 목소리는 웅성대는 대중의 함성 속으로 파묻혀 들어갔다.

키치 패션을 알려주마

얼굴 없는 대중들 사이에도 튀는 인물이 있었다. 그는 빨간 망사 천을 겹겹이 두르고, 색색의 조화로 장식한 모자를 썼다. 양복 상의에는 터키 국기가 그려진 배지, 올림픽 메달, 국위 선양을 한 애국자들과 전쟁 영웅들에게 수여하는 메달이 빼곡했다. 정치적 상징들이 요란하게 그의 가슴 전체를 장식하는 반면, 심장 부분에는 색색의 커다란 꽃들이 꽂혀 있었다. 한 번만 봐도 잊을 수 없는 키치 패션. 그 주인공은 바로 무스타파였다.
무스타파는 독특한 외양 때문에 몇 개의 별명을 갖고 있었다. 그 가운데 하나는 팔라 무스타파였다. 팔라는 초승달 모양으로 굽은 이슬람 전사의 칼을 뜻하는데, 무스타파의 수염 끝이 살짝 휘어진 모양이라 붙은 이름이었다. 다른 별명은 장군 무스타파였다. 옷

에 훈장들이 주렁주렁 걸려 있기 때문이다. 물론 그 훈장들은 진짜가 아닌, 싸구려 기념품 배지들이었으나 무스타파는 개의치 않았다. 그는 장군 무스타파라는 별명이 부끄럽지 않도록 언제나 수염을 빳빳한 상태로 유지했고, 손에는 거대한 염주를 들었으며, 시선은 항상 45도 위쪽을 향하면서 장군의 풍채를 유지했다.

나는 공화국이 자랑스럽다네.
내게는 언제나 자유가 있지.
나는 사랑과 긍지를 갖고 걷는다네.
내게 안전은 특별한 것이지(이하 생략).

위의 시는 〈나는 긍지를 갖고 걷는다네〉라는 제목의 시로, 어느 지방 잡지에 실렸던 장군 무스타파의 작품이다. 이밖에 또 어떤 시가 있는지는 알려져 있지 않지만, 무스타파가 시를 발표했다는 사실 때문에 사람들은 그를 시인 무스타파라고도 불렀다.
시인 무스타파는 매일 아침, 자신이 고안한 화려한 의상을 입고 '이스티클랄'이라는 인생극장에서 연기를 시작했다. 작품의 제목은 '시인 무스타파의 하루'라고 붙여도 좋을 것이다. 연극의 1막은 시인 무스타파가 분주한 인파 속에서 위풍당당한 모습으로 이스티클랄의 한쪽 끝에서 다른 쪽 끝으로 행진하는 내용을 다룬다. 2막에서는 거리의 아가 ^{Aga} 모스크 앞에서 시인 무스타파가 무대 밖 객석, 즉 행인들을 응시하는 장면이 펼쳐진다. 그는 이 똑같은 시나리오의 연극을 매일같이 10년 넘게 되풀이했다.
혹자는 모스크바의 아르바트^{Arbat} 거리에서 레닌을 흉내 내고, 상트 페테르부르그$^{St.\ Petersburg}$에서 표트르 대제를 복제하며, 이스탄불의 블루 모스크 앞에서 오토만 시대 재상을 재현하는 직업인들과 무스타파를 비교할 수도 있을 것이다. 하지만 짝퉁 유명 인사와의 비교는 장군이자 시인인 팔라 무스타파에게 모욕이며 불공정한 평가다. 무스타파는 누군가의 닮은 모습을 판박이 해서 살아가기보다 자신의 이미지를 창조했으니까.

무스타파의 화려한 무언극은 얼굴 없는 갑남을녀의 웅성거림 속에서 짙은 공명음을 냈다. 심지어는 자신이 누구인지조차 망각할 만큼 혼잡한 인간 군상들의 인플레이션이 펼쳐지는 거리에서 시인 무스타파는 확실히 튀는 사내였다. 별다른 감동을 주지 못했던 그의 시보다 무스타파의 삶은 한결 시적이었다.

가진 거라곤 고독밖에 없었지

유감스럽게도 무스타파의 삶이 화려한 의상만큼 총천연색으로 빛나는 것만은 아니었다. 그는 사진의 모델이 되어 주고 푼돈을 받아 이스티클랄 뒷골목의 싸구려 여관들을 전전하면서 비루하게 살아갔다.

시인 무스타파가 이스티클랄을 무대로 살아간 데에는 사연이 있었다. 그는 본래 아나톨리아^{Anatolia} 지방 출신으로, 먹고 사는 데는 별 문제가 없었다. 하지만 그는 영혼의 상처로 죽어가고 있었다. 나이 마흔이 넘어 동네 아가씨를 사랑하게 됐는데, 여자의 아버지가 기를 쓰고 반대했던 것이다. 상사병으로 몸져누웠던 그는 사랑했던 여자가 다른 남자와 결혼하는 비극을 지켜보고 싶지 않아 10여 년 전, 무작정 이스탄불로 올라왔다.

무스타파가 딱히 이렇다 할 직업을 찾지 못한 것은 당연했다. 그는 교육 받지 못한 시골 촌닭이었다. 도시는 돈이 없어서 면도도 하지 못해 얼굴이 거무튀튀한 실업자들로 넘쳐나고 있었다. 도시 빈민으로 전락해서 변두리에서 목숨을 이어갈 수도 있었겠지만, 무스타파가 선택한 공간은 이스탄불에서도 가장 코스모폴리탄적인 냄새가 나는 이스티클랄 거리였다. 무스타파를 한 번이라도 본 행인들은 대부분 '이상한 사람이네' 라는 반응을 보였고, 매일 똑같은 행진을 되풀이하는 그에게 무슨 일을 하는 건지 간혹 묻기도 했다. 그럴 때마다 무스타파는 간단히 답했다.

"죽을 날을 기다리는 거지요…"

염세적이다. 하지만 그도 막연한 희망을 가졌을까? 현실은 장난이고, 연극이라고 생각했을까? 진짜 삶이 펼쳐질 다른 세상으로 가기 위해 무스타파는 고독한 행진을 계속했던 걸까?

2년 전 어느 날인가부터 그가 보이지 않았다. 주변 사람들에게 수소문해 봤지만 별다른 소식은 듣지 못했다. 그리고 반 년 후, 우연히 아야 모스크 근처의 복권 장사로부터 그가 세상을 떠났다는 사실을 알게 되었다.

"열흘 전이었다우…."

2008년 5월 5일이었다.

"심장마비였지. 나하고 여관 주인, 군밤 장사, 경찰, 그리고 한두 사람이 더 장례식에 참석했어."

"가난했어. 가진 거라고는 고독밖에 없는…."

몇몇 신문은 뒤늦게 추모의 기사를 실었다. 그의 이름을 건 페이스북이 생겼고, 여러 사람들이 그를 친구라고 불렀다. 그들을 놔두고 시인 무스타파는 쓸쓸하게 살았고, 또 쓸쓸하게 죽어갔다.

몇 개월 후, 한 예술가가 시인 무스타파의 밀랍 인형을 만들고 유리관 안에 넣어 전시했다. 그의 생전 모습과 다르지 않았다. 그는 살아있을 때부터 밀랍 인형을 연상시키는 사람이었으니까. 인터넷에는 그때 찍은 관광객들의 사진이 몇 장 떠돈다. 사진 속의 무스타파는 자신을 들여다보는 유리관 밖의 행인을 물끄러미 쳐다본다. 세상의 시선에 익숙해 있던 배우가 죽은 후에야 그 세상을 바라보는 것 같다.

메카로 가는 거북

갈라타 탑 근처에는 한 기인이 산다. 유태인 모이스[모세]다. 그는 언제나 싱글벙글 웃고 다니며, '후리엣[공화국이라는 뜻]' 신문을 들고 다녔다. 모이스는 동네에서 빈병, 박스 등을 줍고 다녔는데, 천천히 말하는 게 특징이었다. 어떤 이들은 그를 미치광이라고 했고, 정신이 나간 게 아니라면 최소한 괴짜가 틀림없다고 했다.

"제에…가… 머어어…리…가아… 나…쁘으…다다…고 해해…요… 어어…리…일…때 시…임…하…게 다…쳤…어요. 그…때…부…터 모…드…은…게 느…려…져…었…어… 요…바…아…안…응…도…느…으…리…고. 그…래…도…다…보…고…들…고…이… 있…어…요 … 마…아…알…을…처…언…천…히…해…서…그…렇…지…."

간단한 문장 하나를 이야기하는 데 5분이 넘게 걸린다. 그는 이스라엘로 가기 위해 돈을 모은다고 했다. 아버지의 아버지의 아버지가 수천 년 전 잃어버린 고향으로…. 말의 속도 처럼, 이스라엘로 돌아가는 데에는 얼마나 긴 세월이 걸릴까.

"메에…카…로…가…는…거…부…욱…이…가… 이…있…어…었…대…요…. 그…렇… 게…느…린…데…메…카…에…닿…기…저…언…에…주…욱…겠…다……고…누…구… 운…가…마…알…했…대…요…그…러…니…까…거…부…욱…이…대…다…압…이… 가…다…가…주…욱…더어…라…도…메…카…로…가…는…기…일…위…에…서…주… 욱…으…면…해…앵…보…옥…하…알…거…라…고…."

침묵의 언어

이스티클랄 거리의 한쪽 끝에는 터널이 있다. 터널은 세계에서 가장 짧고, 두 번째로 오래된 지하철이다. 터널 근처에도 특이한 남자가 가끔 나타나곤 했다. 그는 상의와 하의에 색색의 천을 군데군데 기운 옷을 입었다. 신바람 이 박사에게 어울릴 법한 복장이다. 옷깃에는 크고 작은 배지들도 붙어 있다. 한 손에는 거미, 다른 한 손에는 나비 모양의 문신을 했다. 몇 개의 목걸이를 겹쳐 걸었고, 선글라스를 끼고 있다.

시인 무스타파를 닮았다. 하지만 그에게는 수염이 없다. 그를 아는 사람도 없다. 그는 잊을 만하면 한 번씩 나타나 터널 근처를 서성댔다. 그는 무스타파와 달리 한자리에 서서는 연신 사방을 두리번거렸다. 딱히 누군가를 기다리는 눈치도 아니다. 파티에 초대받았다가 홀로 남겨져 벙어리가 된 후, 혹시라도 지인은 없는지, 아니면 자신과 마찬가지로 벗이 없는 투명인간이 있는지 찾아보려는 것처럼….

어느 날 나는 그에게 카메라를 들이댔다. 그는 여유만만하게 포즈를 취했다. 잭 니콜슨처럼 웃었다. 입의 양쪽 끝이 귀에 닿을 것만 같다. 그는 나를 바라보며 세로로도 찍으라는 시늉을 했다. 나는 그의 주문대로 카메라를 수직으로 돌렸다.

몇 장을 더 찍고는 그에게 다가가 말했다.

"테쉐큐에데름, 고마워요."

그는 내게 뭔가를 대답하는 것 같았다. 목소리는 들리지 않았다.

말하지도, 듣지도 못하는 청각 장애인이었다.

이스티클랄 거리에는 그리스, 영국, 러시아, 스웨덴, 덴마크, 이태리, 프랑스 등 여러 나라들의 영사관이 몰려 있고, 프로테스탄트 교회와 가톨릭 성당, 아르메니아 교회, 그리스 정교, 이슬람 모스크 등 다양한 종교 사원들이 공존하며, 오스만튀르크 스타일의 건축부터 아르누보, 아르데코, 클래식, 절충주의 등 여러 양식의 건축물들이 3킬로미터에 달하는 거리의 양쪽을 수놓고 있다.

많은 사람들이 이 거리를 찾는다. 유럽과 다른 오리엔탈의 향취를 느껴 보기 위해, 유럽도 동양도 아닌 이국적 분위기를 목격하기 위해, 이슬람 국가이면서도 여자들이 어깨와 가슴을 훤히 드러내며 자유를 만끽하는 이 나라에서 억압된 욕망을 해소하기 위해.

한 해 동안 이스탄불을 방문하는 사람은 수천 만 명에 이르고, 단 하루 동안 이 거리를 오고 가는 인파만 300만 명이 넘는다.

이스티클랄 거리에는 수많은 언어로 바벨탑이 지어진다.

그 위에 또 하나의 방언이 더해진다.

아무에게도 들리지 않는 침묵의 언어가.

선택

끝없이 두 갈래로 갈라지는 길들이 있는 정원
-호르헤 루이스 보르헤스, 픽션들

이스탄불은 마르마라 해$^{Sea\ of\ Marmara}$, 흑해, 보스포루스 해협 등을 끼고 있고 어획량이 풍부하다. 덕분에 시장에는 또렷한 눈, 반짝이는 비늘, 선홍색 아가미를 자랑하는 물 좋은 생선들이 흔하다. 계절마다 잡히는 어종도 다양한데, 농어, 도미 류의 물고기들은 거의 일 년 내내 볼 수 있다. 가을에는 살이 오른 전갱이가 맛이 좋고, 간혹 오징어나 가오리류도 눈에 띈다.

이 생선들은 죽거나 혹은 산 채로 수산시장 가판대에 전시된다. 그런데 뜬금없이 궁금하다. 둘 중 어느 쪽이 더 행복할까?

우선 죽은 고기는 그물로 잡는 것들로, 농어나 도미, 전갱이처럼 대부분 몸집이 크다. 반면 물통에 살아 있는 생선들은 어부들이 한 마리씩 낚시로 잡는 것들로, 주로 참다랑어, 왕멸치처럼 자그마하다.

"요즘은 고기가 통 안 잡혀. 옛날에는 낚싯대를 드리우기만 하면 덥석덥석 물곤 했는데…" 갈라타 다리 위에서 만난 한 낚시꾼은 땅이 꺼져라 한숨을 쉬었다.

"옛날에는 어부들이 배를 타기 전에 알라에게 기도를 했어. '오늘도 고기 많이 잡게 해주세요.' 하고. 기도발이 먹히기만 하면 주체를 할 수 없을 만큼 많이 잡았지. 체면을 구길 만큼 성적이 영 아닌 날도 있기는 했지만 말이야. 어쨌든 알라는 공평하신 분이야. 어부들이 고기가 몰려 있는 곳을 놓치기도 하고, 또 잡은 고기들이 그물을 빠져 나오기도 했어. 그러면 우리 같은 피라미 낚시꾼들에게도 돌아오는 것이 있었지. 요새 어부들은 기도를 하는 대신 최신 장비를 설치해. 레이더는 가차 없어. 고기떼가 어디 있는지 기계가 다 알려줘. 게다가 전자파로 고기를 유인하기까지 하는 거야. 과학은 잔혹하지. 내게 돌아오는 것이 없거든."

비주류의 삶

낚시꾼에게 걸리는 놈들이 급격히 줄어들긴 했지만, 간간히 잡히는 녀석들은 아마 물고기들 사이에서도 개성이 강한 놈이었을 것이다. 혼자서 자유로운 삶을 즐겼던 아웃사이더이거나 비주류였기에 무리 지어 다니는 고기들에 끼지 않고 그물에 걸려들지 않은 것이다. 그물에 잡힌 물고기들이 배 위에서 편안히 생을 마감하는 데 반해, 산 채로 시장으로 옮겨진 잔고기들의 운명은 이후 세 갈래로 나뉜다.

첫 번째는 살해를 당하는 경우다. 나는 생선 요리를 할 때, 가끔씩 살아 있는 생선(주로 왕멸치)을 바닷물에 담아 집으로 가져온다. 그리고 옴폭한 그릇에 물과 고기를 넣어 고양이 앞에 내민다. 고양이는 앞발로 그릇 속의 물고기를 슬쩍 건드려 보지만, 쉽지가 않다. 한참을 야옹거리며 근처를 돌다가, 결국 용기를 내어 물고기를 긴 발톱으로 휙 낚아챈다.

물고기 수난 시대는 이제부터 시작이다. 고양이는 물고기를 공중으로 높이 들어 올렸다가 패대기를 친다. 조금 전까지만 해도 살아 있던 물고기는 꼬리를 파닥거리다 더 이상 움직이지 않는다. 사인은 심장마비거나 뇌진탕일 것이다. 고양이는 물고기를 가지고 축구, 하키, 핸드볼 따위의 스포츠 실력을 한참 자랑하다가, 노는 게 지겨워지면 물고기 눈을 빤히 바라보면서 머리 부분부터 입 속에 넣고 씹기 시작한다. 우적우적…

나는 고양이의 본능을 자극한다는 뜻으로 살아 있는 물고기를 가져다 주지만, 물고기에게 미안한 감이 들기도 한다. 고양이의 제물로 바쳐진 물고기의 명복을 빈다.

"옛날에는 어부들이 배를 타기 전에 알라에게 기도를 했어.
'오늘도 고기 많이 잡게 해주세요.' 하고. 기도발이 먹히기만 하면
주체를 할 수 없을 만큼 많이 잡았지."

고양이라는 천적을 피해 목숨을 부지한 물고기들 중에는 끝까지 살아남기 위해 최선을 다하는 유형도 있다. 이 범주에 속하는 물고기들은 좁은 통 밖으로 벗어나기 위해 펄쩍펄쩍 뛰어오른다. 이 고기들은 강한 생의 의지를 과시하면서 거듭 탈출 시도를 한다. 자유를 찾기 위해 혼신의 힘을 기울이는 고기 중에는 결국 물 밖으로 뛰쳐나오는 녀석도 있다. 나는 그런 녀석들을 보면 기분이 좋아진다. 영화 〈빠삐용〉의 마지막 장면을 보는 느낌이다. 하지만 영화와 달리 최후는 그로테스크하고 씁쓸하다. 탈출에 성공한 물고기는 바닥으로 떨어져 눈을 희번덕하게 까뒤집고는 입을 벌린 채 숨을 몰아쉬다가 죽어간다. 살려는 몸부림이 죽음으로의 행진으로 돌변하는 순간이다.

안타까운 일이다. 생선의 두뇌는 한계가 있으니 바깥 세상에 물이 있는지, 없는지 어떻게 알겠는가. 어리석게도 자신의 목숨을 재촉했다고 볼 수도 있으나 지지부진하게, 다른 물고기들 위에 포개져 간신히 연명하는 치사한 삶보다 자유로운 삶을 찾기 위해 혼신의 힘을 기울인 만큼 장렬한 죽음이다.

마지막 유형은 기회주의자들이다. 이 물고기들은 비굴할지언정 생을 최대한 즐긴다. 통안은 산소 부족에 물도 더러워서 주거환경이 영 아니다. 그래도 어쩌겠는가? 개똥밭에 굴러도 이승이 낫다지 않는가. 이 고기들은 가늘고 길게 간다. 그 중에는 소비자의 집까지 살아서 가는 놈들도 있다.

"아까 그 녀석은 잘난 척하면서 펄펄 뛰더니, 글쎄, 아직 살아 있을까 몰라. 그래, 인생 뭐 있어. 즐기는 거지. 룰루랄라."

하지만 비루한 목숨을 유지해 왔던 물고기들의 죽음은 화끈하다. 그들은 하얀 튀김옷이라는 상복을 입고 펄펄 끓는 기름 속으로 던져진다. 앗, 뜨거워라….

나는 생선을 살 때마다 삶과 죽음의 희비극성에 대해 생각한다. 어떤 유형이 더 행복하고, 현명할까? 전자파와 미끼를 피해갈 수 있는 혜안이 있어 수백만 개의 알을 낳고 자자손손 번식하며, 푸른 바다 밑에서 늙어 죽는 게 가장 바람직하겠지만 말이다.

여자 허벅지 주세요

이름에 의미가 있어야 할까?
-루이스 캐럴, 거울나라의 앨리스

"어서 오십시오. 뭘 드시겠습니까?"
"글쎄요… 오늘 식당 추천 메뉴는 뭔가요?"
"여자 허벅지나 엄마와 딸이 괜찮습니다."
"다른 건 없나요?"
"갈라진 배도 속이 꽉 들어찬 게 반응이 좋습니다."
"그럼 추천 메뉴를 골고루 주문하도록 하죠. 아, 그리고 여자 허벅지는 1인분 더 주세요. 좀 있다 오실 손님이 여자 허벅지라면 정신을 못 차리시죠. 갖가지 샐러드 하고, 숙녀의 입술, 총리 손가락, 마님 배도 준비해 주세요."
"아 참, 제키므렌의 배도 부탁드려요. 우리 애가 아주 좋아해요."
약간 문명화된 식인종 마을에서 한 가족이 외식을 하러 식당에 간다면 이렇게 주문할까? 이런 대화를 듣고 싶으면 어디 있는지도 모르는 식인종의 거주지를 찾아 헤맬 필요가 없다. 터키로 가면 되니까.

이맘, 기절하다

터키에서는 인간 신체의 각 부위를 이름으로 부르는 음식들이 꽤 있다. 우선, 잘게 다진 고기와 야채를 밥과 뭉쳐서 만든 일종의 주먹밥이 여자 허벅지라는 의미의 카든 부두 kadin budu다. 원래는 쾨프테 동그랑땡 같은 음식 이름를 붙여 '카든 부두 쾨프테'라 불러야 하지만, 대

두 번째 터키   **134**

개는 줄여서 여자 허벅지라고 부른다. 엄마와 딸 anali kizli 은 밀을 찧어서 반죽을 하고, 그 안에 다진 고기와 야채 등을 넣어 찌는 음식이다. 만두와 비슷하지만 밀가루 만두피 대신 밀을 이용한다는 데 차이가 있다. 속을 넣어 크게 빚은 새알은 엄마, 속이 떨어지고 난 다음 반죽만 작게 빚은 새알은 딸이라고 부른다.

이맘 바일드 imam bayild 와 갈라진 배 karniyarik 는 모두 가지 요리다. 갈라진 배는 이름만 들으면 할복한 사무라이가 떠올라 영 입맛이 떨어지지만, 실제로는 먹을 만하다. 이 음식은 가지를 반으로 갈라 그 위에 야채와 고기 등을 얹고 기름을 넉넉하게 두른 팬에 넣고 익히는 요리다. 이맘 바일드는 갈라진 배와 거의 비슷한데 마늘이 추가된다. '이맘, 기절하다'라는 뜻의 이 음식은 어느 날, 한 이맘 Imam, 이슬람 모스크에서 예배를 보는 사제이 가지 요리를 먹다가 너무 맛이 좋아 기절을 한 이후 이렇게 부르기 시작했다고 한다. 두 가지 모두 튀김 요리

로 분류되지만, 어떤 식당에서는 기름에 튀긴다기보다 절인 듯한 느낌을 주기도 한다.
숙녀의 입술 kerhane tatli, 작부의 과자 kerhane tatli, 총리의 손가락 vezir parmagi, 마님의 배 hanim gobegi 등은 모두 디저트 종류다. 숙녀의 입술은 모양에서 이름을 땄다. 마님의 배 역시 가운데가 오목하게 들어간 도너츠로, 오동통한 벨리 댄스 무용수의 배를 닮았다. 작부의 과자는 흔히 공창에서 작부들이 대접했던 단 음식이다. 이스탄불에는 '게넬에브'라는 유명한 공창이 있는데, 그 근처에서 작부의 과자 파는 것을 볼 수 있다.

제키므렌 zeki muren 은 1960~1980년대를 대표하는 터키의 국민가수였다. 사람의 애간장을 파고드는 목소리로 터키인들의 마음을 사로잡았다고 한다. 그가 예쁜장한 게이였다는 사실과 가운데가 볼록하게 들어간 사탕이 그의 이름을 땄다는 사실 사이에 상관관계가 있는지 모르겠다.

밥상에는 밥상만의 법이 있어

터키는 세속 국가^{국가가 공식적으로 종교 문제에 관하여 중립을 유지하는 국가}이지만 아직도 머리끝부터 발끝까지 가리고 다니는 무슬림 여자들이 적지 않다. 그래도 밥상 위에서만큼은 코란의 법이 통하지 않는 모양이다. 여자의 허벅지부터 배, 입술까지 검열 없이 등장하니 말이다. 최근에는 '처녀의 꿈'이라는 디저트도 등장했는데, 바나나 위에 꿀을 뿌려 무척 노골적인 모양을 한 음식이다.

누가 이런 이름들을 붙였을까. 달콤한 '숙녀의 입술'을 맛보고 싶은 남자들이 붙였을 수도 있고, 일부다처제 사회에서 남편의 몸과 마음을 사로잡기 위한 아내들의 술수였을 수도 있을 것이다. 누구의 궁리였든 간에 음식과 에로스의 관계를 잘 아는 사람들이 고안한 명칭들인 것만은 분명하다.

하지만 노골적인 음식의 이름이 모든 사람들을 만족시키는 것은 아니다. 특히 페미니스트들은 마뜩치 않을 것이다. 가부장제도 아래서 여성이 성적으로 탄압을 받는 것도 억울한데, 밥상에서까지 여자의 몸을 노예로 삼다니….

2008년, '새콤한 사과'라는 요리프로에서는 음식 이름에 대한 여자들의 불만이 불거져 나왔다. 한 요리사가 "오늘은 여자 허벅지 요리법을 소개해 드리겠습니다." 라고 운을 떼었는데, 여자 진행자는 "우리도 이제 노골적인 음식 이름을 바꿀 때가 되지 않았을까요?"라고 정색을 했다. 점잖으신 분들이 여자 허벅지를 먹는다는 얘기는 아무래도 듣기 민망하니까.

명망 있는 문화평론가들을 비롯하여 시청자들과 네티즌들의 반론이 빗발쳤다. 터키 언론은 이 주제로 뜨겁게 달구어지기까지 했다. 그 당시 한 인터넷 사이트에서는 터키 음식 이름의 변경에 관한 여론 조사를 진행했는데, 복수 응답이 허용된 조사 결과는 다음과 같다.

응답자의 44.8%는 전통적인 명칭의 변경은 있을 수 없는 일이라고 반대했고, 38.6%는 이름을 노골적이라고 생각하는 사람들 머릿속에는 뭐가 들었는지 의심스럽다고 응답했다. 또 36.5%는 음식의 이름이 그만큼 욕정을 불러일으킨다면, 여자들의 존재 자체를 사회에서 격리시켜야 한단 말인가 하는 반응을 보였다. 9.6%는 과거에 지어진 음식의 이름을 에로틱하다는 이유로 바꿔야 한다면, 역사책에서도 지워야 할 것이라고 대답했다. 15.8%의 응답자만이 노골적인 음식 이름이 여성을 폄하한다는 의견을 보였다.

한국에서 있었던 '꿀벅지'와 '초콜릿 복근' 논쟁과 비슷해 보이지만, 한국에서는 인간 신체 자체를 음식에 비유하는 데 반해서 터키에서는 음식에 인간 신체를 끌어들인다는 차이점이 있다. 또 한국의 경우가 최근 일인데 반하여 터키에서는 이런 명칭들이 하루 이틀 사이에 만들어진 것이 아니다.

음식 이름 변경 논쟁은 명칭 고수자들의 압승으로 끝났다. 음식의 명칭이란 역사의 산물이므로 이 시대의 요구 때문에 수백 년 동안 굳어져 온 이름을 바꿀 수는 없다는 게 이유였다. 그리하여, 페미니스트들이나 종교적 보수주의자라 해도 식당에서는 달리 방법이 없다. 여자 허벅지를 주문하고, 숙녀의 입술, 총리의 손가락, 마님의 배로 마무리를 하는 수밖에는….

5차원 계산법

모두가 경험하기를 두려워하는 그 세상은 그에게 진정 재미있는 장난감이었다.
—안개 낀 대륙의 아틀라스, 이흐산 옥타이 아나르

새해 첫날 대청소를 시작했다. 책상 위와 서랍 속 여기저기를 굴러다니는 필기구들, 가방 여기저기에 박혀 있는 신용카드 영수증, 책꽂이 사이에 끼어 있는 콘서트와 영화 광고 전단지와 잡지들이 잡초처럼 자라나고 있었다. 한번 손을 대니 버려야 할 것들은 점점 늘어났다.

유행이 지나가나 체격이 달라져 입지 않는 옷, 신발, 화장품, 오래된 책들…. 내 몸집이 들어가고도 남을 만한 쓰레기봉투 몇 개를 끌어냈다. 집안에 그만큼 쓰레기를 끼고 살았던 셈이다. 단단히 마음을 먹었지만, 아까워 버리지 못한 것들도 있었다. '언젠간 쓸모가 있겠지, 혹은 추억이잖아.'라는 생각으로.

그것들이 쓰레기장으로 향하는 데에는 또 얼마의 시간이 걸릴까. 소유욕이란 각질 같아서 박박 밀어내지 않으면 거북 등딱지처럼 딱딱해져 떼어내기가 어려워지는 것만 같다.

이건, 5리라짜리야

아리프는 빵을 사러 나갔다가 한 아저씨를 데려왔다. 원래 이름은 알베르토 코헨[Alberto Cohen]인데, 동네 사람들은 그를 베토[Beto]라고 불렀다. 이스탄불에 잔류한 대부분의 유태인은 중산층 이상이었지만 베토는 홈리스였다. 그는 복지 회관에서 살았다. 나이는 예순에 가까웠고, 가족은 없었다. 베토는 동네를 돌아다니며 잡일을 했다. 고물의 처분,

집안의 가구 배치, 문짝 수리 등 자잘한 집안일을 도와주는 게 그의 일이었다. 집안일이 하찮아 보여도 막상 손을 대면 다른 사람의 도움을 빌려야 할 때가 은근히 많다. 그래서 베토는 이 동네에 없어서는 안 되는 필요한 사람이 되었다.

아리프가 그를 데려온 이유는 마루에 있는 가구를 다른 방으로 옮기기 위해서였다. 무거운 철제 책상과 침대였다. 베토는 어떻게 옮길 것인지 신중하게 작전을 짜고는 단번에 일을 끝내버렸다. 그런데 일이 끝난 후에도 옥신각신하는 소리가 한참 들렸다. 나는 두 사람이 돈 때문에 실랑이를 한다고 생각했다. 돈 때문인 것은 맞았지만, 그 내용은 틀렸다. 아리프가 품값으로 10리라를 주자, 베토는 자신이 한 일은 5리라짜리니 5리라를 거슬러주어야 한다고 했단다. 아리프는 굳이 그럴 필요 없다고 했지만, 베토는 그럴 거면 다시는 부르지 말라고 성까지 냈다는 것이다.

알라는 일수쟁이?

모로코에서도 비슷한 광경을 목격한 적이 있었다. 옷차림이 말쑥해서 거지인지 아닌지 도대체 분간이 안 되는 남자였는데, 그는 언제나 동전 주머니를 가지고 다녔다. 큰돈밖에 없다면서 자선을 거부하는 사람들에게는 '잔돈 있으니 걱정 마세요.' 라고 했다. 부유세였다. 형편이 어려운 사람들이 돈을 줄 때에는 반을 거슬러 주었다. 이 경우는 일종의 환급금이었다.

또 어떤 남자는 상인들이 문 닫을 시간마다 나타나서 손을 내밀고 다녔다. 나는 그가 목돈을 꿔주고 푼돈을 받는 일수쟁이일 것이라고 생각했다.

"저 사람한테 돈 꿨어요?"

나는 매일 그에게 돈을 주는 상인에게 물었다.

"알라에게 꿨지요. 하지만 저 사람한테 대신 갚습니다. 알라는 계산에 철저한 분이라 일일이 장부에 기록하시지요. 내가 저승 문턱 앞에 서면 알라는 장부를 들고 내가 빚을 제대로 갚았는지 따져 보신답니다."

베토나 모로코의 거지나, 상인이나, 그들의 계산법은 내게 생소했다. 러시아에서도 비슷한 경우를 들은 적이 있다. 어떤 사람이 달걀 10개를 10루블에 사서, 달걀을 삶아 1개에 1루블씩 받고 팔았다. 지켜보던 친구가 대체 그렇게 해서 뭐가 남느냐고 물었더니, 그 사람 왈, "달걀 삶은 물이 남지."

나는 이런 저런 생각을 하면서 청소를 계속했다. 쓰레기봉투를 묶어 버리려고 하다가 5리라짜리 지폐를 발견했다. 이런 횡재했네. 아리프 책상에 있던 휴지들을 치우다가 함께 쓸려온 돈이었다. 알고 보니 베토가 남기고 간 거스름돈이었다.

'내가 오늘 한 일은 5리라짜리야. 그러니 받아···.'

part 03
언제, 어디서 만나든

여행을 하면서 우리는 헤어지고, 만나며,
거미줄처럼 복잡한 인연의 실타래를 목격한다.
여행은 결국 드넓은 세상과 예측 불가능한
인연의 바다 위를 헤엄치는 일이다.
내일은 또 어디로 떠날까.
그곳에선 또 누구를 만나게 될까.

나비부인의 혁명

할아버지는 이 공동체에 가족이라는 이름을 부여했다.
-랑케, 말팽의 수기

"24세, 대졸, 직장 여성.
자동차, 집 있음.
처녀, 터키 남편을 구함."

2001년 1월, 일본 여자 쿠니 나카조노는 터키 남자와 결혼하겠다는 포부를 품고 터키에 날아와 신문 광고를 냈다. 약 1년 동안 600명의 결혼 신청자가 몰려들었고, 이 가운데 1차 선발자로 165명이 뽑혔다. 그해 12월, 신부가 될 당사자의 엄격한 심사를 거쳐 최종 후보자의 영광을 누린 사람들은 응모 번호 1, 3, 4, 11, 14, 52, 63, 65, 160, 165번의 열 명이었다.

쿠니 나카조노의 터키 남편 찾기는 '니혼' 방송의 '전파소년뎀파소넨'이라는 예능 프로그램에 소개될 예정이었다. 같은 해 크리스마스에 방송 제작진들은 이스탄불의 탁심광장Taksim Square, 신시가지의 중앙에서 쿠니 나카조노가 1차 당선자들을 대상으로 신랑감을 간택하는 과정을 필름에 담았다.

결혼을 괜히 인륜지대사라고 칭하는 게 아니다. 쿠니 나카조노는 터키에 오기 전 두 달 동안 열심히 다이어트를 해서 25킬로그램을 감량하는 노력을 보였고, 터키 남자들은 결혼이 삶의 돌파구가 되지 않을까 하여 쿠니 나카조노의 환심을 사려는 몸짓을 계속했

©Arif Asci

다. 또 제작자들은 이 세상에 한 쌍을 탄생시킨다는 거룩한 임무, 혹은 시청률을 높인다는 세속적인 이유로 쿠니 나카조노의 처녀성을 끊임없이 상기시키며 터키 남자들을 부추겼다.

살아 있는 정자은행

러시아 도시들을 구글에서 검색해 보면 러시아 여성과의 낭만적인 만남을 주선하는 사이트가 첫 페이지에 뜬다. 외국인과 결혼하여 러시아 밖에서 새 인생을 개척하려는 나타샤들과 올가들의 욕망, 그리고 롱다리의 금발머리 아가씨를 짝으로 삼으려는 남자들의 욕망이 만들어낸 합작품이다.

일본에도 외국인 신랑을 선호하는 아가씨들의 숫자가 만만치 않다. 하지만 러시아 여자들처럼 돈 많은 남자를 만나 팔자를 고쳐 보겠다는 계산이라기보다는 준수한 외모의 2세를 낳는 게 목적이라고 한다. 완전히 까맣지도 하얗지도 않게 적당히 거므스름하면서 마음씨도 착한 터키 남자들은 일본 여성들 사이에서 꽤 인기가 높은 신랑감 후보라고. 실제로 2010년 6월, 오사카를 여행하다가 일본 여자와 결혼한 터키 남자, 마흐무트를 만날 수 있었다. 그는 파묵칼레Pamukkale의 여행사 직원이었다. 파묵칼레는 천연 석회붕으로 한밤중에 보면 마치 거대한 촛농이 녹아내린 듯한 몽환적 이미지를 자아내는 곳이다. 초고속 인터넷 속도에 맞춰 미친 듯 달음박질을 하는 도시인들은 파묵칼레처럼 환상적인 공간을 마주하게 되면 잠시 숨을 멈추고, 세상이 얼마나 아름다운지 새삼 눈뜨게 된다. 노련한 여행사 직원이 삶에 지친 여행자의 마음에 불을 붙이는 건 바로 그런 순간이다. 그러면 냉동실에 처박혀 딱딱해졌던 떡을 꺼내놓았을 때처럼 여행자의 마음은 부드러워지다가 물컹해지기 시작한다.

현지 터키 남자와 여행자인 일본 여자의 로맨스는 ─ 터키 남자와 다른 민족 여자들의 사랑도 마찬가지로 ─ 이렇게 싹튼다. 마흐무트가 결혼에 골인하게 된 공식이 바로 그것이었다. 여자가 돌아가고, 마흐무트는 그 뒤를 좇아 오사카로 날아가 결혼식을 올렸다. 아내는

1년 후 건강한 아들을 낳았다. 하지만 반년도 지나지 않아 아내는 이혼을 요구했다. 마흐무트는 자신이 생각하기에 정당한 사유도 없이 이혼당한 게 억울했지만, 일본은 그의 홈그라운드가 아니었다. 일본 법원은 자식을 그녀의 손에 넘겨주었을 뿐 아니라 남자가 자식을 볼 권리조차도 박탈했다. 마흐무트는 수천 킬로미터도 넘게 떨어진 타향에서 제대로 둥지를 틀어 보기도 전에 불법 체류자 신세로까지 전락하게 되었고, 터키로 돌아올 수밖에 없었다.

하지만 아들을 보겠다는 꿋꿋한 결심으로 마흐무트는 모든 인맥을 동원하여 비자를 받았고, 다시 일본행 비행기를 탔다. 그는 오사카에서 '파묵칼레'라는 간판을 단 케밥집을 개업했다. 마흐무트를 만난 건 마침 식당을 개업하던 날이었다. 나는 왜 식당을 열었냐고 물었는데, 일본에 버티고 있어야 언젠가는 아들을 볼 수 있지 않겠느냐고 그는 답했다. 나는 이혼의 사유가 궁금했다.

그는 일본인 아내를 만나기 전 세 번 결혼했고, 모두 여섯 명의 아이를 낳았다. 막내는 그가 일본인 여자를 만나던 그해에 태어났다고 한다. 식당에는 15~16세가량의 소년이 함께 일을 하고 있었는데, 그의 아들 가운데 한 명이었다. 나는 그가 타고난 바람둥이 기질을 다스리지 못해 아내의 버림을 받은 것이 아닐까 추측했다. 하지만 마흐무트의 설명은 달랐다. 그는 자신의 인물이 준수하고, 그래서 예쁜 아이를 갖고 싶은 일본 여자들의 꿈을 이루어 주기에 적당한 대상이었다고 설명했다.

"나는 살아있는 정자은행이었던 셈이죠."

상전벽해란 이럴 때 쓰는 말이 아닐까. 100년 전, 미군에게 버림받아 비극적으로 생을 마친 나비부인들이 이제는 숏 다리도, 휜 다리도, 뻐드렁니도 아닌 아이를 낳기 위한 소망으로 좋은 유전자를 찾아 수천 킬로미터를 날아다닌다니….

신이 하나라니, 그건 너무 심심하잖아

한국의 한 결혼 정보 사이트는 베트남 신부들에 대해 '절대 도망가지 않습니다'라는 광

고를 내걸으면서 농촌 총각을 유혹한다. 하지만 오늘날 '아이는 예스, 남편은 노'라고 선언하는 여자들에게 좋은 남편은 스스로 도망가 주는 사람들이다.

미치코와 메흐메트 커플이 파경에 이른 과정도 꽤나 희비극적이다. 미치코는 2009년 당시 45살이었고, 메흐메트는 32살이었다. 그들이 만난 것은 그때부터 5년 전의 일이다. 메흐메트는 마흐무트처럼 이스탄불의 술탄 아흐메트$^{Sultan\ Ahmed}$ 지역에 있는 여행사 직원이었다. 그는 꽤 느끼한 인상의 청년이었다. 그래서 외국인들과 접촉할 기회가 많은 여행사는 그에게 적당한 직업이었다.

난봉꾼 기질이 있어 보이는 27살의 피 끓는 청년이 마흔의 동양 여자에게 끌린 이유는 무엇일까? 그는 여행사 직원으로 늙어 죽기보다는 먼 나라에서 새로운 기회를 개척해 보고 싶었다고 말했다. 또 주변에는 일본 여자와 모범적인 가정을 꾸리고 사는 친구들도 있었기에 띠 동갑이 넘는 나이 차이를 크게 문제시하지는 않았다고 했다.

둘은 몇 달간 터키에서 함께 살았다. 이혼 경력이 있는 미치코는 서두를 게 없었지만, 메흐메트는 주위의 시선도 있고 해서 빨리 혼인 신고를 마쳐야 한다고 주장했다. 게다가 '은하철도999'의 철이가 우연히 메텔을 만나 승차권을 얻어 우주로 향할 수 있었듯이, 결혼은 메흐메트를 신세계로 인도할 수 있는 통행증 같은 것이 아니었던가.

메흐메트는 원했던 대로 일본으로 날아가 식을 올렸고 3년을 살았다. 그 사이에 딸도 하나 낳았다. 하지만 일본에 도착하면서부터 둘의 관계는 금이 가기 시작했다. 갈등의 진앙은 근사하게 말하자면 종교였고, 구체적으로는 돼지 때문이었다.

미치코는 특별한 신앙이 없었다. 그러나 일본의 수많은 신들은 그녀 개인의 문화를 형성한 토양이었고, 생활의 활력소였다. 미치코는 어릴 때부터 좋아했던 너구리, 고양이 따위의 형상들로 집안 곳곳을 장식했다. 딸에게는 귀신이야기를 어찌나 재미있게 들려주었던지, 이 세상의 신이 알라 하나뿐이라는 메흐메트의 말은 딸에게 통 먹히질 않았다.

"신이 하나라니, 그건 너무 심심하잖아."

메흐메트에게 가장 달갑지 않았던 것은 크고 작은 돼지 상이었다. 돼지 저금통부터 돼지 그림, 거울과 장롱 서랍 등을 뒤덮은 돼지 인형들은 거슬리기 짝이 없었다. 게다가 수십 년째 과부로 살아오고 있으며, 딸과의 사이가 그리 좋지만은 않은 장모는 털이 뻣뻣한 흑돼지를 애완동물로 키우고 있었다. 메흐메트는 이슬람에서 부정하게 치는 동물인 돼지가 자신의 삶 속에 파고드는 것을 받아들이기 힘들었다.

메흐메트는 돼지 인형들을 눈앞에서 치워달라고 부탁해 봤지만, 미치코는 돼지가 복을 가져다 줄 거라며 웃음으로 받아넘기곤 했다. 메흐메트는 자신이 무슬림 치고는 개방적이라고 생각했으나, 일본의 사방천지에 존재하는 수많은 신들과는 도저히 친하게 지낼 수가 없었다. 기독교와 이슬람이 아무리 소원한 사이라도 궁극에는 유일신 신앙이라는 공통점이 있다. 그러나 미치코가 떠받드는 신들과 메흐메트의 알라 사이에는 타협이 있을 수 없었.

그는 미치코에게 이 세상에는 알라 외에 신이 없다고 선언하면서 일본의 잡신들을 몰아내는 지하드^{이슬람의 성전}를 시작했다. 가정은 바야흐로 유일신 신앙과 다신론이 팽팽한 접전을 거듭하는 종교 분쟁과 문명 충돌의 장으로 화했다. 그들은 3년간의 투쟁 끝에 이혼으로 종지부를 찍었고, 종교가 가져왔던 가정의 화산과 지진의 피해로부터 도망칠 수 있었다.

나비의 덫

미치코처럼 남편감을 구하러 터키에 온 쿠니 나카조노는 자신의 미래를 어떻게 그렸을까? 그녀는 결국 아무도 선택하지 않았다. 진짜 마음에 드는 남자를 찾지 못했는지 아니면 방송 출현이라는 꿍꿍이속이 있었던 것인지, 아니면 같은 민족인 일본 애인도 없었는데 이역만리 문화와 종교가 다른 터키 남자와 어떻게 살아갈까 하는 두려움이 또아리를 틀었던 것인지, 그녀가 공고를 낸 진정한 의도가 무엇이었는지는 알 길이 없다. '전파 소년'의 제작진들은 촬영 다음 날 그녀와 함께 아무런 해명도 없이 일본으로 돌아갔다.

결혼 신청에 공을 들였던 몇 명의 청년들은 쿠니 나카조노에게 농락당했다며 울분을 토했고, 터키 언론은 그녀와 터키 청년들 모두에게 질타의 화살을 날렸다. 한 칼럼니스트는 쿠니 나카조노를 향해 '나는 당신이 처녀로 늙어 죽었으면 좋겠다, 나는 당신이 전봇대에 올라가서 제발 남자를 달라고 절규했으면 좋겠다. 나는 당신이 결혼 운을 보기 위해 점집을 찾아다니느라 온 재산을 탕진했으면 좋겠다.'라는 내용의 글을 썼다.

이 칼럼니스트는 아이큐가 65 이상인 사람이라면 왜 남자들이 이 여자에게 관심이 없는지 이해할 수 있을 것이라고 하면서 1억 2000만 명의 일본인 가운데 아무도 그녀를 건드리지 않았다는 데에 문제의 핵심이 있는 것이라고 비꼬았다. 그는 유전자 풀을 변화시키기 위해 일본 여자들이 놓은 덫에 투르크 전사들이 걸리지 말아야 한다고 호소했다.

결국, '전파소년'은 투르크 전사들의 강력한 항의에 부딪쳐 남편 찾기 편을 내보내지 않았다. 하지만, 프로그램이 방영되지 않았다고 해서 일본 여자와 터키 남자의 로맨스가 멈춘 것은 아니다.

텔레비전을 켠다. 이혼한 일본-터키 커플의 이야기가 소개된다. 화면의 한쪽에는 일본 여자의 얼굴이 보인다. 여자는 양육권이 남자에게 주어져 아이를 만나기 위해 터키로 날아왔다. 화면의 반대편에는 같은 이유로 일본으로 날아간 터키 남자의 사진이 보인다. 행복한 일-터 커플도 많다. 하지만 다수의 행복한 커플이 어떻게 행복을 일궈 나가는가 보다 소수의 불행한 커플이 왜 불행한지 궁금할 때가 더 많다.

톨스토이가 안나 카레니나에서 쓴 것처럼 모든 행복한 가정은 엇비슷해 보이지만, 모든 불행한 가정에서 불행의 이유는 제각각이니까.

바트만 다크 나이트

크나큰 용광로가 불길을 뿜고 있으나 그 불길에는 밝은 빛이 없고
눈에 보이는 어둠만이
오직 재앙의 참담함을 드러내기에 족할 뿐.

–존 밀턴, 실락원

배트맨은 고민한다. 고담 시에서 악을 물리치고 정의의 상징으로 남을 수 있을지. 명쾌한 답을 찾지 못한 배트맨은 어두운 밤길로 사라져 간다.

정의란 무엇인가? 터키에도 배트맨 못지않게 정의에 관해 고심하는 사나이가 있었다. 그의 이름은 후세인 칼칸Huseyin Kalkan. 후세인 칼칸은 터키 동부의 작은 도시 배트맨, 아니 바트만Batman의 전 시장이었다. 바트만 시는 신석기 시대에 기원을 두고 있으며, 1940년대 발전하기 시작한 정유 도시이다. 그런데 이 유서 깊은 명칭을 수십 년째, 그것도 바트만 시의 허락도 없이 무단으로 사용하고 있는 몰지각한 사람들이 있었다. 배트맨 시리즈의 크리스토퍼 놀란 감독과 제작자가 그들이었다.

"이 세상에 배트맨은 오직 하나뿐!"

2008년 영화 〈배트맨 다크 나이트〉가 전 세계의 이목을 집중시킬 무렵, 칼칸 시장은 저작권법 위반으로 감독과 제작자를 고소하기로 했다. 그가 고소를 결심한 데에는 또 다른 말 못할 이유가 있었다. 바트만은 가뜩이나 의문의 살인과 자살률이 높은 도시로 알려져 있는데, 영화의 성공이 바트만 시 주민들의 심리에 부정적인 영향을 끼치는 것은 아닌지 염려가 되었기 때문이다.

이리하여 〈배트맨〉은 고담 시에서와는 다른 위기를 바트만 시에서 맞았다. 치사하게 남

의 이름을 훔쳐 지적 소유권을 위반한 범죄자로, 그리고 도시에 어두운 분위기를 조장함으로써 조커에 버금가는 악의 세력으로 거듭날 수도 있게 된 것이다.

다행히 〈배트맨〉과 감독이 불명예를 쓰는 일은 일어나지 않았다. 칼칸 시장이 소송을 제기하지 않았기 때문이었다. 그래도 변화가 없었던 것은 아니다. 칼칸 시장은 많은 전화를 받았고, 전 세계에서 유명세를 탔다. 시장과 더불어 바트만 시도 이름을 남겼다. 고담 시 못지않게 다크나이트가 펼쳐지는 곳으로 말이다.

남자의 자격

한 여자가 성폭행을 당했다. 가해자는 말했다.

"당신은 이제 처녀가 아닌데, 집안에서 가만히 두겠어? 어차피 죽은 목숨이니 나한테 시집을 오는 게 현명한 거야."

남자는 여자의 아버지에게 청혼을 했다. 여자의 선택은 죽느냐 사느냐의 두 가지 가운데 하나였다. 여자는 사는 쪽을 선택했다. 여자가 어릴 때는 백마 탄 왕자의 꿈을 꾸었을지 모르나 현실 속에서 그녀의 '구세주'는 성폭행자였다. 둘은 30년 동안 결혼생활을 했고, 아들 셋과 딸 둘을 낳았다.

큰 딸이 결혼하고 몇 개월 후, 사건이 터졌다. 성폭행을 당한 것이었다. 딸의 남편이 출장 가 있던 사이였다. 이웃집 남자가 범인이었다. 딸은 엄마의 비극적인 숙명을 물려받았지만, 엄마와 같은 해법은 찾을 수 없었다. 유부녀였기 때문이다. 남편의 가족들은 여자를 골방에 가두고 고문을 했다. 며칠 후 남편이 돌아왔다. 남편과 성폭행 가해자의 가족들, 마을 노인들은 회의를 했다.

논의 결과는 다음과 같았다. 여자는 자의든, 타의든 결혼의 순결을 어겼으니 남편과 이혼하고 친정으로 돌려보낸다. 그리고 성폭행 가해자는 18살 된 딸을 남편에게 시집보내, 그 남편의 '소유물'에 가한 피해를 보상한다. 여자의 친정에서도 회의가 열렸다. 환영이 아닌, 사태 수습 방안을 찾아내기 위해서였다.

터키에서 전통적인 사고방식을 가진 남자들은 여자를 잘 단속해야 남자의 자격을 갖췄다고 믿는다. 그들은 아버지와 할아버지로부터 그렇게 배워왔다. 딸이든, 아내든 집안 여자들이 정숙하지 않으면 자신과 가족, 바깥 세상에 수치스러운 일이다. 남자의 명예는 체면에 먹칠을 한 '가해자' 즉 여자가 죽음으로써만 회복할 수 있다.

유감스럽게도 여성을 소유물로 다루는 봉건적 가부장적 세계관은 아직까지도 터키를 비롯한 이슬람권 사회에 뿌리가 깊다. 이 경우에도 마찬가지였다. 폭행당한 딸의 아버지를 포함한 집안 식구들은 딸이 죽는 게 도리라고 주장했다. 단 한 사람만 반대를 했다. 여자의 오빠였다. 그는 이웃집 남자의 잘못 때문에 여동생을 죽일 필요까지는 없다고 주장했다. 그러나 나머지 가족들은 강경파였다. 집안의 수치가 된 딸을 살려둔다면 가족 모두 얼굴을 들고 다니지 못하겠지만, 죽음으로 불명예를 씻는다면 온가족이 떳떳할 수 있을 것이라고 목소리를 높였다. 그들에게 여자 가족 구성원의 죽음보다 더 중요한 것은 체면을 살리는 일이다. 남자들은 18살 난 막내아들이 누나를 죽이는 것으로 합의를 봤다. 즉 막내 동생이 명예 살인을 하도록 결정한 것이다.

정의란 무엇인가

명예 살인의 경우, 대개는 집안에서 가장 나이 어린 남자가 손에 피를 묻힌다. 미성년자 범죄로 1, 2년 후에 풀려날 수 있기 때문이다. 그밖에도 일반 살인과 달리 명예 살인은 관대하게 처분하는 사회적 관행이 있다. 감방에서도 다른 수감자들이나 간수는 명예 살인자들을 함부로 대하지 않는다. 심지어는 수감자들이 돌아가면서 발을 씻겨주기도 하고, 명예를 지키다 갇힌 '투사'를 위하여 온 집안 식구들이 사식을 넉넉하게 넣어주는 전통도 있다고 한다.

최근 들어 유럽 인권 위원회는 터키의 여성 인권 문제를 도마 위에 올리고 터키의 여성 인권 탄압 문제의 해결을 촉구했다. 유럽 연합 가입을 신청한 터라 유럽의 눈치를 보지 않을 수 없는 터키는 2005년부터 명예 살인의 처벌 조항을 대폭 수정했다. 1~2년의 수감

기간은 종신형이 되었고, 미성년자도 예외가 아니었다.

그러나 법이 바뀌었다고 해서 여자의 죽음으로 불명예를 씻어내는 구시대의 인습이 하루아침에 변할 수 있을까? 그들에게 정의는 사회의 법이 아니라 전통이다. 명예 살인이 아닌 또 다른 해법이 여성들을 죽음으로 내몰고 있다.

여자의 가족들은 의논 끝에 막내아들에게 '거사'를 맡긴다는 결정을 번복했다.
"너는 어차피 죽은 목숨이다. 하지만 남동생의 창창한 미래를 생각해 봐라. 어린 녀석이 감옥에서 평생 썩을 수는 없는 노릇 아니냐."
가족들은 피해 여성에게 자신의 명예, 그리고 집안의 명예를 구할 수 있도록 세 가지 선택권을 주었다. 목을 매거나, 총으로 쏘거나 쥐약을 먹거나.
이 사건은 오빠의 도움으로 여자가 디야르바크르$^{Diyarbakr,\ 터키\ 동부\ 쿠르드\ 지역의\ 대도시}$에 위치한 여성 보호 센터로 피신하면서 일단락되었다. 남동생은 집안의 명예를 구하기 위하여 범죄자가 될 필요가 없어졌다. 여자의 옛 남편은 이웃집 남자의 어린 딸과 결혼했다. 성폭행자는 그로써 죗값을 치렀다.
이 여자는 우여곡절 끝에 목숨은 부지할 수 있었다. 그러나 이런 '행운'을 누리지 못하고 희생당하는 여자들이 사흘에 2명, 한 해에 200여 명이다. 2001년에서 2006년 사이에는 1806명이 명예 살인으로 목숨을 잃었다. 2010년 1월에서 3월 사이에만 43명이 죽었고, 1월에는 생매장을 당한 소녀의 시체가 발견되기도 했다. 명예 살인에 관한 법 개정 후 살인은 줄어들었지만, 여자들은 여전히 죽었다. 자살이었다.
명예 살인은 주로 터키 동부 도시에서 많이 일어나는데, 지방 이민자들이 변두리로 몰려드는 대도시도 예외는 아니다. 이스탄불에서는 일주일에 한 번 꼴로 여자들이 명예 때문에 목숨을 잃는다. 터키의 여러 도시 가운데서도 유달리 여성의 살인과 자살이 높은 도시가 있었으니, 그곳이 바로 후세인 칼칸이 시장으로 재직했던 바트만^{Batman} 시였다.

가문의 영광

가문의 영광에 먹칠을 하는 명예 훼손의 사유는 다양하다. 혼외정사, 처녀성의 상실, 중매 결혼에 반대, 남자들의 결정에 불복종, 연애편지, 꽉 끼는 청바지, 짧은 치마….

바트만 시의 15살짜리 소녀는 남자친구와 문자를 교환하다가 들켰다. 이후 소녀의 핸드폰에는 남친 대신 가족들의 문자가 하루에도 10~15통씩 도착했다. 자살을 종용하는 메시지였다. 소녀는 티그리스 강에 몸을 던졌지만 지나가던 경찰이 구조를 했고, 집안에서 목을 매었으나 삼촌이 발견해 병원으로 옮겨져 목숨을 건졌다. 다시 동맥 절단을 시도했지만 실패했다. 소녀는 결국 여성 단체의 도움을 받아 비슷한 처지의 여자들과 함께 생활하고 있다.

여자들을 폭행하거나 죽인 남자들의 의견은 갈라진다.

"그 여자는 미니스커트를 입었어요. 자기 몸이 소중하면 제대로 간수할 것이지 왜 남자들을 도발하는 겁니까? 내 잘못이 아니에요."

한 성폭행자의 말이다. 저 사람은 부자인데 내가 부러워하도록 만들었으니, 잘못은 도둑질을 한 내가 아니라 부를 소유한 사람이라면서 되레 자신의 정당성을 주장하는 뻔뻔한 도둑의 논리다.

"함부로 놀아나는 여자들을 가만히 두어선 안 되지요."

명예 살인으로 형을 살고 있는 수감자들 가운데에는 살인을 후회하지 않는 경우가 절반에 가깝다고 한다.

"마음 내키지 않아도 어쩔 수 없어요. 만약 여자를 안 죽이면 그 집안 사람들은 얼굴을 들고 다닐 수가 없지요. 주변에서 손가락질을 합니다. 남자 구실 못하는 놈이라고. 체면 치레 못하는 남자는 남자로 인정도 못 받고 사회에서 왕따가 됩니다. 그게 죽음과 다를 게 없어요. 산송장이 되는 거예요."

터키 가운데에서도 바트만 시에서는 상황이 한결 심하고 열악했다. 80년대 중반부터 무장 테러단체 터키 헤즈볼라 레바논의 헤즈볼라와 이름은 같지만 다른 조직이다의 본부가 이곳에서 결성되었

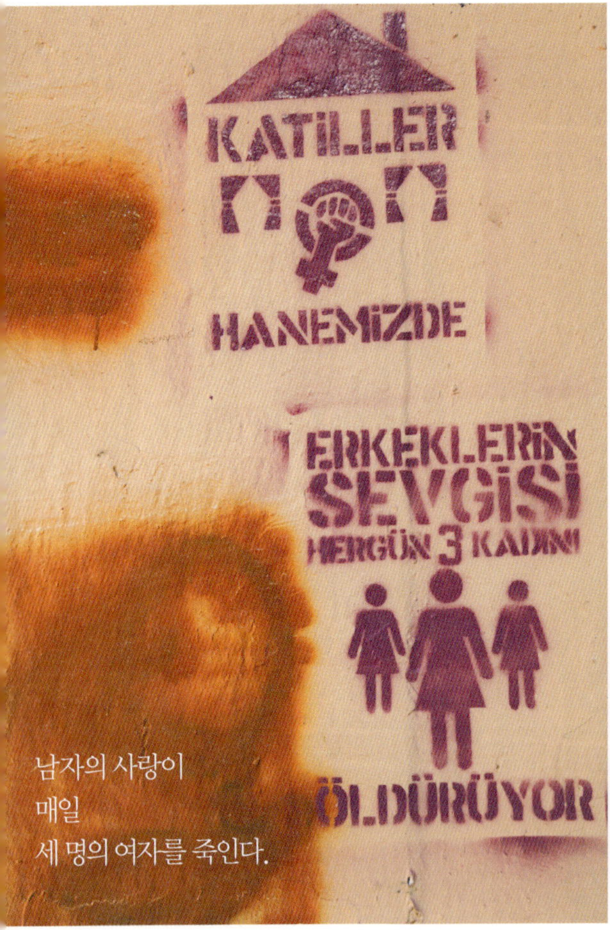
KATILLER
HANEMİZDE
ERKEKLERİN
SEVGİSİ
HERGÜN 3 KADINI
ÖLDÜRÜYOR
남자의 사랑이
매일
세 명의 여자를 죽인다.

살인자는 당신의 집에
KADINA
UYGULAYA
ERKEK DEĞ
Evinizde şiddet görüyorsanız ya da şidd
tanıyorsanız lütfen bizi arayın.

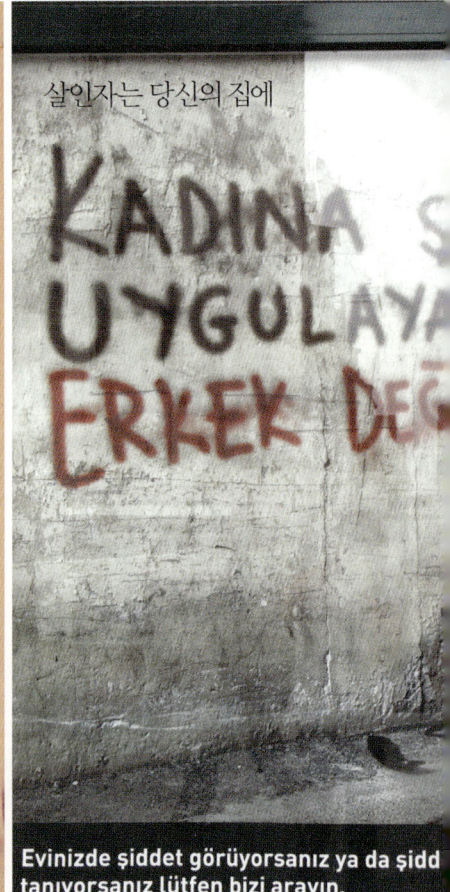

기 때문이었다. 헤즈볼라 조직은 PKK^{쿠르드 노동자당}를 소탕하기 위해서 만들어졌는데, 술을 마시거나 복장이 불량한 여자들(예를 들면 짧은 치마를 입은 여자), 길거리에서 남편이 아닌 다른 남자와 대화를 하는 여자들을 응징하는 등 무장 탈레반과 같은 공포 분위기를 조성했다.

2003년에는 이스탄불에서 두 곳의 시나고그^{synagogue, 유대교 예배당}와 영국 영사관이 폭파되어 50여 명이 희생되었다. 알카에다의 소행이었지만, 터키 헤즈볼라 단원들이 이 테러 사건에 연루되어 있음이 밝혀졌다. 이밖에도 국가가 테러 단체로 규정한 헤즈볼라가 쿠르드 분리주의자를 소탕하기 위해 터키 군과 정보부에서 만든 비밀 병기였다는 사실이 드러나 크나큰 파장을 낳기도 했다.

인습의 채찍을 맞은 여자들의 신음과 비명 소리가 들리는 도시에 테러리스트들이 또 다른 뿌리를 내리면서 바트만 시는 고담 시와 같은 암흑의 공간으로 변하고 있었던 것이다.

특효약은 없을까? 몇 년 전 터키의 한 지방 도시에서 아내를 폭행한 남편이 법정에 섰다. 이 남편은 상습적 폭행으로 이미 수감된 전과가 있었다. 판사는 선고를 내렸다.

"앞으로 6개월간 매일 아침 아내에게 꽃다발을 바칠 것."

남편은 판사에게 애원했다.

"꽃이라니, 너무 가혹한 형벌입니다. 차라리 감옥으로 보내 주세요."

마초와 테러리스트들에게 그들의 오금을 저리게 만드는 꽃을 들게 할 수 있다면, 바트만 시도 여자의 피 대신 붉은 꽃잎이 휘날리는 도시로 탈바꿈할 수도 있지 않을까?

내게 말을 걸어 줘

누구에게든 아무 말도 하지 말아라.
말을 하게 되면, 모든 사람들이 그리워지기 시작하니까.
-제롬 데이비드 샐린저, 호밀밭의 파수꾼

먹구름 사이로 마른번개가 치고, 우르릉 쾅쾅 천둥소리에 유리창이 흔들렸다. 빗줄기는 강한 바람을 타고 대기에 45도의 사선을 그어댔다. 우렁찬 목소리로 도시의 잡음에 질서를 부여하곤 했던 뮈에진의 기도소리조차도 사방으로 날뛰는 비바람, 천둥과 번개 앞에서는 무력하게 사그라지는 듯했다. 이스탄불에서는 드문 폭풍이었다.

토요일 오후 6시. 오랜만에 혼자에게 맡겨진 시간은 느릿느릿 흘러갔다. 마지못해 허기를 면하려 딱딱해진 빵을 꾸역꾸역, 오래도록 씹어야 할 때처럼. 소파에 비스듬히 누웠다. 목욕탕 히터 위에서 자고 있던 고양이가 어느새 배 위로 훌쩍 뛰어 올라왔다. 묵직하고, 따스했다.

"따르릉~."

스르르 잠이 들었나 보다. 꿈속에서 누가 소리를 지르는 것 같았는데, 전화벨이었다.

"아이셰 좀 바꿔주세요."

허스키한 목소리. 골초의 입에서 나는 냄새가 수화기를 통해 풍기는 듯했다.

"잘못 거셨습니다."

시계를 보니 오후 7시. 무심코 창밖을 내다보았다. 한 사람이 거센 비바람과 사투를 벌이며 걸어가고 있었다. 뒤집어지는 우산과 펄럭이는 외투 자락을 진정시키기에는 손이 모자라 보였다. 그를 물끄러미 쳐다보고 있을 무렵 같은 전화가 왔다. 악천후로 인해

도시의 전화선이 엉뚱한 데로 연결이 되는 모양이었다.

어쩌면 전화를 거는 남자도 창밖을 내다보고 있었는지 모른다. 제법 굵은 물줄기가 투명한 창문으로부터 그 남자의 단단히 굳은 기억의 표면 위로 흘러내리자, 애써 참고 있었던 아이셰 생각이 그를 사로잡았을 것이다.

아이셰는 아마도 그의 헤어진 연인일 것이다. 집안에서 젖은 신발을 신고 돌아다니지 말고, 수건을 아무렇게나 던지지도 말며, 치약도 가지런히 짜라는 그의, 혹은 그녀의 사소하고도, 엄격한 생활의 십계명 때문에 말다툼을 한 후 며칠이나 만나지 않았던 것인지도 모르지. 비바람이 사납게 그의 마음을 긁어 놓으며, 고독감을 증폭시키는 시간에는 아이셰의 거친 말투마저 간절할 수도 있겠지만….

'그래, 전화를 걸기에 좋은 날이다.'

나도 핸드폰을 열고 전화번호부를 한참 뒤적였다. 하지만 마땅한 대화 상대를 찾지 못했다. 다들 주말을 즐기느라 바쁠 것이다. 이스탄불은 서울만큼이나 인구가 많은 메가폴리스지만, 도시의 거주민이 많다고 해서 친구가 늘어나는 것은 아니다. 나는 컴퓨터의 전원을 켜고 메일을 확인했다. 두통이 와 있다.

"부위별 감량 100% 보증", "밤새 시달려 잠이 부족해요."

이번에는 페이스북을 연다. 보름이나 확인하지 않아 새로 올라온 소식들이 몇 개 있었다. 한 터키 친구가 일본 식당에서 찍은 스시, 한국에 유학 와 있는 러시아 여학생이 절에 가서 찍은 스님들 사진, 뮌헨에 사는 일본인 친구 나미가 자신의 옷 가게에 새로 입고한 물건들을 올린 사진, 10년 넘게 연락 두절 상태였다가 페이스북을 통해 전달된, '그래, 언제 밥이라도 먹자'라는 메시지. 언제 올지 기약이 없는 '언제'. 모임의 장소와 때를 정해 상사에게 결재를 받으려고 애쓰는 직원처럼 굴지 않는다면, 오지 않을 가능성이 더 큰 시간, '언제.'

나는 컴퓨터의 전원을 껐다. 거리에서 궂은 날씨의 덫에 걸렸던 그 사람은 이미 어디론가 가버렸다.

고독은 가끔씩 내게 날개를 달아준다. 누구의 제약도 받지 않고 어디로든 날아갈 수 있게끔. 하지만 그날 고독은 비에 푹 젖은 솜처럼 등 위에서 나를 짓누르고 있었다. 가로등 불빛도 침침한 거리를 고양이와 함께 멍하니 바라보고 있는 참에 세 번째 같은 전화가 왔다. 익숙한 목소리였다. 그가 귀찮기보다는 친근하게 느껴지기까지 했다. 아마, 이 남자 역시 나처럼 심심해서 몸을 배배 꼬다가 누군가와 대화라도 하는 게 낫겠다 싶어 연신 전화를 해대는 걸 거야. 그래, 타인에게 말을 걸기 좋은 날이지.
"제가 아이셰인데요."
몇 초쯤 침묵이 흘렀다. 나는 그가 무슨 말을 할지 궁금했다.
"지금, 나한테 장난치는 거요?"
그는 버럭 성을 내면서 전화를 끊어버렸다. 뚜뚜뚜우우우우우…

폭우가 쏟아지던 날, 대화에 굶주렸던 두 이방인의 썰렁한 농담.

정직한 도둑

거울이 아니면 자기를 볼 수 없다고 사람들은 생각하겠지만,
불구라고 하는 것은 언제나 코앞에 들이대어져 있는 거울인 셈이야.
–미시마 유키오, 금각사

부락이라는 친구가 책을 전해주러 집으로 찾아왔다. 그 책은 아리프가 전시 제안서와 함께 한 회사의 홍보 담당자인 아이셰에게 주었던 것이다. 아이셰는 회사에 기획안을 내보았지만, 상업성이 없다는 이유로 거절당했다. 전시 기획이 수포로 돌아간 후, 아이셰는 지방 사무실로 내려가면서 책을 이스탄불에 사는 친구 세빔에게 맡겼다. 우연히도 그 즈음 세빔은 그린카드에 당첨이 되었다. 세빔은 서둘러 미국으로 날아가면서 아이셰에게 부탁받은 책을 부락이라는 친구에게 대신 돌려달라고 맡겼다.

여러 사람의 손을 거친 책이 아리프에게 돌아오는 데에는 무려 1년의 시간이 걸렸다. 그런데 나중에 알고 보니, 책을 전해준 부락은 아리프의 집에서 불과 20미터 떨어진 곳에 살고 있는 이웃이었다.

그날 밤에 생긴 일

부락은 무척 활달한 청년이었다. 그는 '처음 뵙겠습니다'라는 인사가 끝나기 무섭게 최근에 도둑이 든 적이 없냐고 물었다.

'난데없이 웬 도둑이람.'

그런 일이 없었다고 하자, 부락은 독점 인터뷰를 하듯 자신이 겪었던 황당한 경험을 자세히 이야기하기 시작했다.

사건은 보름쯤 전에 일어났다. 부락은 평소보다 일찍 집으로 돌아왔다. 오후 5시쯤이

었는데, 건물의 철문을 열자 낯선 남자가 나왔다. 20대 중반쯤으로 보이는 이 젊은이는 '친구 집을 찾고 있었다.'고 말하며 서둘러 시야에서 사라졌다. 부락은 좀 이상하다 싶어 고개를 갸우뚱거리며 5층 꼭대기 자신의 아파트로 올라갔다.

한 시간쯤 지난 후, 도둑이 들었다고 웅성대는 소리가 들려왔다. 부락은 아래층으로 내려갔다. 3층이었다. 한 여자와 남자가 아파트 문을 열어 놓고 모인 이웃들에게 하소연을 하고 있었다. 둘은 패닉 상태였다. 부락은 순간 아파트 입구에서 스쳐 지나갔던 남자의 짓이 아닌가 하는 감이 들어 경찰에 신고를 했다. 경찰이 출동한 후 부락과 피해 당사자 두 사람은 경찰서로 향했다.

부락은 3층 남자와 함께, 그리고 여자는 다른 방에서 경찰의 질문을 받았다. 그 과정에서 부락은 피해 당사자들이 영화 촬영장에서 일하는 스텝들이었고, 사건 발생 전날 촬영장에서 뒤풀이를 하던 중 눈이 맞아 남자가 여자의 집에서 하룻밤을 보내게 됐다는 사실을 알게 되었다. 남자는 그날 받은 월급 1000불을 여자의 집에 보관해 두었는데, 다음 날 함께 일을 나갔다가 돌아와 보니 현금을 도난 당한 것이었다.

경찰은 사라진 현금의 행방보다 3층 남녀의 원나잇 스탠드에 큰 관심을 보였다. 자유국가인 터키에서 혈기 넘치는 싱글들의 연애 행각이 불법일 수는 없으나, 돈을 잃어버린 피해자들은 '풍기 문란'을 저지른 범죄자로 취급 받는 듯했다. 어쨌든 3층 남녀는 범인에 대해 아무런 실마리도 제공하지 못했다. 대신 부락은 범인으로 지목되는 남자의 얼굴을 목격했다고 진술했고, 그 남자의 몽타주를 그리기까지 했다.

"그 남자가 훔치는 장면을 봤습니까?"

경찰이 물었다.

"아니요, 우리 건물에 살지 않는 남자가 뛰쳐나가길래 이상하다고 생각했어요."

"그렇다면, 그가 범인인지 아닌지는 확실치 않군요."

신고자들은 풀이 죽어서 돌아왔다. 경찰은 별다른 도움을 주지 않았다. 그들의 예감대로 사건은 미궁에 빠졌다.

도둑의 유별난 독서 취미

일주일이 지난 후, 부락은 친구들을 초청해 건물 옥상에서 파티를 했다. 그들은 넘실거리는 골든혼의 물결과 아야 소피아, 블루 모스크, 술레이마니에 모스크의 야경을 안주 삼아 라크 여러 병을 비웠다. 새벽이 찾아왔다. 대중교통 수단들이 모두 끊어지자 불현듯 돌아갈 집이 있다는 것이 생각난 친구들은 택시를 타고 서둘러 귀가했다. 주위의 시선을 아랑곳하지 않은 채 열렬히 키스를 하던 한 쌍의 남녀는 옥상에 남았다.

부락은 아무 때나 들어오라고 그들에게 열쇠를 주고는 옥상 아래층에 있는 자신의 아파트로 돌아갔다. 다음 날 아침 깨어 보니 문은 바깥에서 잠겨 있었다. 부락은 옥상으로 올라갔다. 연인들은 어제와 마찬가지로 꼭 껴안은 채 잠들어 있었다. 부락은 그들을 흔들어 깨워 열쇠의 행방을 물었지만, 그들이 아는 것은 사랑뿐이었다. 그러니까, 그 연인들의 손에서 누군가가 열쇠를 훔쳐 부락이 잠든 사이 집으로 들어왔다가 나가면서 문을 잠근 것이다.

부락은 당장 자물쇠를 교체해야겠다고 마음먹었다. 그 순간 산더미처럼 쌓여 있는 원고들이 눈앞을 스쳐갔다. 부락은 출판사 편집인이었는데, 며칠 전부터 일이 잔뜩 밀려 있던 터였다. 도무지 집안일로 신경 쓸 틈이 없었다. 게다가 한 시인에게 원고를 독촉하러 가야했다. 부락은 일단 시인에게서 글부터 받아오는 것으로 순서를 정했다. 시인은 그날 원고를 주지는 않았지만, 대신 열쇠고리 하나를 선물했다. 예수의 얼굴이 담긴 열쇠고리였다. 부락은 새 열쇠에 어울리겠다고 생각하면서 다음날 열쇠 수리공을 부르기로 마음먹었다. 그런데 그날따라 여자 친구가 부락에게 전화를 걸었다. 두어 달 전 다투고 난 후 연락을 하지 않고 있던 참이었다. 부락은 전화가 반가웠고, 그녀의 집을 찾았다.

여친의 집에서 이틀 동안 묵고 돌아와 보니 집에는 몇 가지 달라진 게 있었다. 우선 노트북 두 대, 엠피쓰리, 외장형 하드 드라이브 등 전자 제품들이 없어졌다. 일기장과 선글라스도 사라졌다. 컴퓨터 자료들도 아까웠지만, 여태까지 공들여 써놓은 일기까지 훔쳐

갈 건 또 뭐람. 부락은 속이 부글부글 끓었다. 도둑은 태연하게도 냉장고에서 맥주를 두 병이나 꺼내 마셨다. 밤을 지새웠는지 침대가 흐트러져 있었고, 아침에는 차를 끓여먹은 흔적도 있었다.

이제 가장 황당한 순서가 남아 있다. 도둑은 부락이 읽던 도스토옙스키 단편집을 침대에 누워 읽기까지 했다. 부락은 책의 끝부분을 접는 습관이 없는데, 부락이 읽던 곳보다 몇 십 페이지 앞장이 접혀 있었던 것이다. 도둑은 책의 몇 구절에 빨간 펜으로 줄을 치기도 했다. 그 대목은 도스토옙스키의 단편 〈정직한 도둑〉 가운데 '한 부랑자가 내게 개처럼 달라붙었다'는 문장이었다. 대담하고 뻔뻔스럽기 짝이 없는 도둑이었다.

부락은 3층 도난 사건을 떠올리면서 혹시 이 도둑이 소설에서처럼 부락에게 달라붙는 것이 아닌지, 그리고 도둑이 아는 사람일지도 모르겠다는 불길한 예감이 들었다. '정직한 도둑'이 지인에게서 물건을 도둑맞는 내용이었기 때문이었다.

믿는 도끼에 발등 찍혀

부락이 물 한잔을 마시며 목을 축이는 동안, 아리프는 자신도 비슷한 경험이 있다며 말을 꺼냈다. 지금으로부터 10년쯤 전, 아리프는 라이카 카메라 두 대를 번갈아 사용하고 있었다. 그 즈음 사진 편집을 하느라 바깥출입을 보름 동안 하지 않다가 일이 끝난 후, 새 렌즈를 사기 위해 중고 카메라 상에 들렀다. 그런데 쇼 윈도우에서 자신의 손때 묻은 카메라를 발견했다. 당황스럽지 않을 수가 없었다. 카메라를 잃어버린 줄도 몰랐던 것이다. 집으로 돌아와 확인해 보니 역시나 카메라의 행방은 묘연했다. 아리프는 보증서를 가지고 카메라 상점으로 와서 기계의 일련번호를 대조해 보았다. 그의 물건이 맞았다.

'대체 누구의 짓일까?'

주인은 카메라를 판 사람의 주민등록증을 복사해 놓았다고 했다. 서류를 본 아리프는 등골이 서늘해졌다. 함께 프로젝트를 하기도 했던 친구였다. 아리프가 한참 바빴던 때 그 친구가 놀러왔는데, 그날 일이 벌어진 것이었다. 아리프는 배신감을 느꼈다. 친구가 카메라를 훔쳐야 할 만큼 궁하게 살지 않아서 더욱 그랬다. 그는 직접 친구에게 연락을 하는 대신 상점 주인이 중간에서 해결하도록 부탁을 했다.

상점 주인은 바로 전화를 걸었다.

"며칠 전, 카메라 파셨죠? 그런데 오늘 물건 주인이 나타났어요. 보증서까지 가지고 왔더군요. 카메라를 찾아가겠다고 하는데, 어떻게 된 일입니까?"

친구가 완전한 철면피는 아니었다. 그는 다음 날 아침, 돈을 돌려주겠다고 다짐을 했고 약속을 지켰다. 오후에 상점 주인이 전화를 걸어 아리프는 카메라를 다시 찾아갈 수 있었다.

사건은 이렇게 일단락되었지만, 파장은 씁쓸했다. 잡지사에서 프리랜서로 일하던 그 친구는 언제부터인가 보이지 않았다. 아리프도 그의 근황이 궁금해지기 시작했다. 반년이 흐른 후, 가족과 함께 캐나다로 이민을 갔다는 그 친구의 소식을 듣게 됐다. 그가 보다 나은 삶과 자식 교육을 위해서 떠났을 수도 있겠지만, 카메라 도난 사건 이후 등 떠밀려 다시피 조국을 떠나간 게 아닌가 아리프는 짐작했다.

도둑이 친구가 된다면

카메라 도난 사건은 그걸로 끝이었는데, 부락의 경우에는 2부가 있었다.

그는 도난 사건을 신고하기 위해 2주쯤 전에 안면을 트게 된 경찰을 다시 찾았다. 그들은 3층 현금 도난 사건 때와 마찬가지로 엉뚱한 부분에 관심을 보였다. 그러니까 분실물의 내용보다는 범인의 독서 취미, 즉 도둑이 〈정직한 도둑〉이라는 도스토옙스키의 작품을 읽었다는 부분을 꼬치꼬치 캐물었던 것이다. 그럴 수도 있을 것이다. 명탐정 홈즈도 사소한 단서에서 해결의 실마리를 찾아내곤 하니까 말이다. 다만, 터키 경찰과 홈즈가 다른 점은 이번 사건도 미제로 남겨 두었다는 사실이었다.

경찰서에서 집으로 돌아온 부락은 열쇠 수리공을 불렀다. 소 잃고 외양간 고치는 격이지만, 새로운 소를 살 수도 있으니까 말이다. 열쇠 수리공은 상당한 근육질로, 온몸에 문신이 가득한 젊은이였다. 문신이 일반화된 요즘, 편견을 가질 필요는 없지만 그래도 부락은 이 친구가 열쇠 수리보다는 열쇠를 망가뜨리고 집안으로 들어올 인상이라고 생각했다. 하지만 티를 낼 수는 없다.

"자물쇠는 그런데 왜 바꾸시려는 거예요?"

수리공은 새 자물쇠를 고르며 물었다.

"얼마 전에 도둑을 맞았어요. 3층에서도 현금 도난 사건이 있었구요."

"그런 일이 있으면 안 되죠. 시간 있으면 우리 모임에 한번 나오세요. 어쩌면 내가 아는 애들일 수도 있거든요. 도둑을 안 맞으려면 그 녀석들과 친구가 되는 게 최고에요. 자식들, 의리는 있어서 친구 물건은 건드리지 않죠. 또 우리 애들이 힘도 좋아요. 이 동네에서는 아무도 우리를 함부로 못 합니다. 마침 얼마 전에 괜찮은 마리화나를 구했는데, 오늘 저녁에라도 시간이 되시면, 놀러 오시죠?"

부락은 딜레마에 빠졌다.

'도스토옙스키의 〈정직한 도둑〉이나 아리프의 예처럼 친구가 도둑이 되는 것보다는 도둑이 친구가 되는 편이 훨씬 안전하겠지. 노트북도 되찾을 수 있고…. 하지만 한패가 되면, 내 물건을 잃어버리지 않는 대신 다른 사람들이 도난당하는 것을 눈감아 줘야 하는 거 아냐.'

그때 마침 전화벨이 울렸다. 공교롭게도 열쇠고리를 선물했던 시인이었다. 부락은 이 시인과 이야기한다는 핑계를 대고 열쇠 수리공을 돌려보냈다. 부락은 다음날 직접 자물쇠를 교체했다.

"물건을 잃어버리는 건 안타까운 일이에요. 하지만 찾지 않는 게 현명할 때도 있죠."

부락의 이야기는 이어졌다. 누가 우리들의 시간을 훔쳐갔을까? 밤은 빠르게 깊어갔다.

소셜 네트워크

우연은 아이처럼 천진난만하니
그것이 내게 일어나도록 허용하라!
—니체, 자라투스트라는 이렇게 말했다

아흐메트와 올가

1년쯤 전, 아리프의 지인 아흐메트(가명)가 집으로 찾아왔다. 아흐메트는 새로 나온 자신의 책을 아리프에게 선물했다. 러시아 사람들의 초상을 담은 사진집이었다. 내게 익숙한 이름과 얼굴도 있어서 관심이 갔다. 아흐메트는 우연히 러시아와 인연이 있는 한국인을 만나자 무척 반가워했고, 러시아에서 살았던 자신의 경험을 들려주었다.

그는 보도 사진가로, 1993년부터 2001년까지 모스크바에서 거주했다. 당시 러시아는 페레스트로이카와 소비에트 체제 해체 이후의 소용돌이에 휩싸여 있었다. 사진이 모자라서가 아니라 홍수처럼 쏟아지는 사건들 덕분에 그 추운 러시아에서 발바닥에 땀이 나도록 돌아다녀야 했다.

몸이 열 개라도 모자랄 만큼 바빴던 때지만, 아흐메트는 자투리 시간을 만들어 연애를 했다. 보드카 잔을 기울이며 교통경찰들에게 얼마나 효과적으로 뇌물을 먹였는지, 혹은 뇌물을 먹이지 않고도 어떻게 위기를 모면했는지 따위의 무용담을 늘어놓는 어떤 자리에서 아흐메트는 러시아 여성 올가(가명)와 만났다.

큰 눈, 하얀 피부, 발그스레한 뺨, 그리고 염색을 했든 아니든 대부분 금발인데다 롱다리인 올가와 나타샤들은 많은 터키 남자(물론, 그들이 예외는 아니다)의 가슴을 설레게 하는 백설 공주님들이다. 통계에 의하면 현재까지 터키남과 러시아녀 부부는 20만 쌍이

넘는다고 하는데, 그 수는 계속 증가 추세다.

아흐메트와 올가도 이내 눈이 맞았다. 다만 그 사랑이 순탄치만은 않았다. 올가가 유부녀였기 때문이다. 제3자에게는 흔하디 흔한 삼각관계 스토리였지만, 통속극의 주인공 역할을 현실에서 해야 했던 당사자들에게는 뼈저린 비극이었을 것이다. 우여곡절 끝에 올가는 이혼을 했고, 아흐메트와 결혼했다.

몇 년 후, 부부는 함께 터키로 돌아왔다. 하지만 드라마에는 반전이 있었다. 올가는 새 남자를 만나 아흐메트에게 이혼을 선언했다. 얼음의 왕국에서는 포근한 보금자리를 만들었지만, 햇빛이 찬란하고 에메랄드빛 바다가 출렁이는 따뜻한 나라에서 헤어졌다는 게 드라마 같았다.

"시큼한 흑빵 먹고 살 때는 말도 술술 잘 나오더니, 이제는 러시아어도 가물가물해요. 언제 한번 여유 있게 만나서 러시아 얘기나 해 봅시다."

아흐메트는 30분인가 앉아 있다 돌아갔다. 이후, 그의 소식은 한참 듣지 못했다.

제이슨과 올가

우연은 잔잔해 보이는 삶에 불쑥 나타나 깜짝쇼를 하고 사라진다. 하지만 완전범죄를 저지를 만큼 용의주도하지는 않아서, 꼬리를 밟히곤 한다. 어쩌면 그것이야말로 우연의 의도인지도 모르겠다.

아흐메트를 만나고 1년이 지난 2010년 가을, 한 갤러리의 사진전 개막식에서 제이슨을 알게 되었다. 제이슨은 유태계 미국인으로, 브루클린에 사는 사진작가였다. 그는 터키 지방 곳곳에서 사진 작업을 할 예정인데, 가공되지 않은 역사와 감정의 폐허가 남아 있는 곳들에 특히 관심이 있다고 했다. 우리는 독일인 게르드와 그의 또 다른 독일인 친구들, 불가리아 사진가와 함께 베이올루Beyoglu에 있는 술집으로 가 맥주를 들이켰다.

며칠 후, 제이슨을 두 번째 만났다. 이번에는 이스탄불에서 갤러리를 운영했던 캐나다인의 집에서였다. 그 자리에서 로마에 사는 브라질 출신의 미국인이 제이슨의 사진집을 보여주었다. 러시아 사진들이었다. 알고 보니 제이슨은 1991년부터 10년 동안 러시아에서 살았다. 내가 러시아에 있었던 때와 비슷한 시기였다.

나는 제이슨의 사진을 자세히 들여다보았다. 어쩌면 저 붉은 광장 위의 형체를 알아볼 수 없는 누군가의 그림자가 내 것은 아닐까? 박제된 레닌의 묘지와 트베르스카야[Tverskaya, 모스크바의 중심부] 거리의 거대한 맥도날드 앞에서 추위로 벌벌 떨며 줄을 서 있을 때, 제이슨이 그 행렬에 카메라를 들이댄 적은 없었을까?

한 여자의 사진이 눈에 띄었다. 벗은 상반신의 실루엣 너머로 붉은 광장이 황망하게 펼쳐져 있었다.

"모델은 누군가요?"

게르드가 물었다.

"이혼한 아내죠. 터키 남자한테 가버린…"

잠잠한 목소리를 통해 싸늘한 기운이 살짝 전해졌다. 제이슨이 하루에 8시간씩 사진 워크숍을 하느라 피로가 겹친 탓이거나, 아니면 사진 속 여자의 정체를 묻는 사람들에게 매번 같은 대답을 하는 게 그리 유쾌하지만은 않은 탓일 것이다.

'터키 남자라니…'

나는 순간, 1년 전 만났던 아흐메트를 떠올렸다.

"사진가였어요. 셋이 간혹 만나기도 했는데, 둘이 바람이 날 줄은 상상도 못했죠."

제이슨은 말을 이었다.

"혹시 아흐메트?"

아리프가 끼어들었다.

"아는 사이군요. 터키 와서 소문 들었어요. 두 사람이 이혼했다고."

나는 러시아에서 한때 아르헨티나 드라마에 빠진 적이 있었다. '상냥한 아냐' 라는 제목의 드라마였다. 단 10분의 인내력만 가지고도 그 전에 방영된 수십 회 분과 앞으로 방영

될 또 다른 수십 회 분의 내용을 예측할 수 있는 3류 연속극이었다. 은근한 중독성이 있어서 나는 밥을 먹을 때마다 텔레비전 앞에 자리를 잡았다.

매일 같은 시각에 먹는 빤한 메뉴와 달라지지 않는 내용의 드라마는 죽이 잘 맞아 들어갔다. 남부러울 데 없는 훈남 알레한드로와 그의 정적 하비에르는 박색인 아나를 사랑한다. 반면 외모, 재산 등으로 보아 엄친딸인 엘레나는 두 남자에게 외면당하며, 아나를 곤경에 빠트리기 위하여 못된 술수를 쓰는 내용이었다. 드라마는 개연성 없는 우연의 연쇄 고리일 따름이었다. 하지만 우연이 통속극만의 전유물은 아니다.

그날, 올가를 빼앗긴 남자 제이슨, 그리고 올가를 빼앗았으나 또 다른 남자에게 빼앗긴 남자 아흐메트가 이스탄불에서 연속극처럼 조우했다면 무슨 일이 일어났을까? 우디 앨런 영화처럼 냉소적인 유머가 오가거나 둘 중 한 사람이 그 자리를 조용히 떠났을까? 아니면 치고받고 하는 막장 드라마가 연출되었을까?

외국에서는 이혼한 부인과 현재의 부인끼리, 혹 남편끼리 친하게 지내는 경우를 몇 번 목격한 적이 있다. 어쩌면 아흐메트와 제이슨도 올가라는 교집합을 갖고 있었던 만큼 친교를 유지할 수 있었을까?

아무튼 모스크바에서 거의 20여 년 전에 일어났던 미국 남자와 터키 남자, 러시아 여자의 삼각관계를, 그들과 전혀 관계가 없는 내가 이스탄불에서 목격했다는 사실이 신기하기만 했다.

게르드

제이슨의 친구인 게르드는 이스탄불에 사는 독일인으로, 아리프와 친하게 지내는 사이다. 나이는 일흔이 넘었고, 머리는 반짝이는 은발에 피부는 약간 분홍빛을 띠었다. 높은 코 위에 걸친 금테 안경 너머로 날아오는 시선은 날카로웠다. 게슈타포 역으로 캐스팅을 한다면 특별한 분장이 필요 없을 인상이다.

그는 전직 변호사였다. 쾰른 출신이었고, 1970년대 중반부터 90년대 초반까지 독일과

소련의 에너지 수출입 관련 업무를 맡았다. 러시아의 개방 후에는 모스크바에 개인 변호사 사무실을 열었다. 러시아 미술품 거래에 손을 대기도 했다. 90년대 중반부터 서방과 러시아 양측에서 스파이라는 의심을 받아 독일 여권을 압류 당했으며, 벌었던 재산을 몽땅 날리고 러시아에 몇 년간 억류되기도 했다. 그러다 2000년에 러시아를 빠져나와 지금은 세상을 떠난 투르크메니스탄 대통령 투르크멤바시의 고문관으로 일하기도 했다.

게르드가 투르크메니스탄에서 터키로 이사를 온 지는 10년째. 부동산업을 하는 까닭에 이스탄불 시내의 건물, 도로 사정을 손바닥 들여다보듯이 했다. 터키 정치 사정에도 밝았다. 가끔은 그가 진짜 독일인 비밀경찰이 아닐까 하는 의심도 들었다. 1년 전에는 터키 총리가 스위스 은행에 비밀 계좌를 갖고 있으며, 그 사실을 폭로해 버리겠다고 술자리에서 공언한 적도 있었다. 그때 속으로 생각했다.
'게슈타포는 아닌 것 같아. 비밀경찰이 비밀을 이처럼 쉽게 누설할 리가 없지.'

어쨌든, 터키에서 짧은 세월을 산 것도 아닌데, 게르드는 이 나라의 험담을 입에 달고 산다.
"터키가 왜 그렇게 싫은데요?"
"한국을 봐. 전쟁의 폐허 위에서 경제 대국으로 도약한 당신 조국 말이야. 미래 지향적이지. 하지만 터키 사람들은 비전이 없어. 이 나라는 말로만 세속 국가야. 1500년 전에 만들어진 고리타분한 종교 경전을 아직도 반복하고 사니…. 그 밥에 그 나물이야."
"그럼, 터키에서 마음에 드는 건 뭔데요?"
"날씨가 좋아서 1년에 7개월은 야외 바에서 밥 먹고, 술 마시는 거, 사람들이랑 얘기하는 거, 디스코."
게르드는 터키가 싫다고 하면서도 진짜 속마음은 감추고 있는 듯하다. 터키 사람들은 이런 진심을 아는지 게르드가 이마에 깊은 주름을 만들면서 심각한 얼굴을 해도 능글맞은 웃음으로 받아 넘기곤 했다.
베이올루의 자그마한 술집들이 밀집되어 있는 생선 시장 뒷골목을 지나갈 때마다 버버리 코트를 입은 게르드는 손을 들어 인사를 나누거나 양쪽 뺨을 맞대면서 우정을 표시하느라 매번 멈추어 서야 했다. 싸늘한 인상과 달리 게르드는 동네 주민들과 탄탄한 인맥을 쌓고 있었다. 만약 그가 터키인이었다면 통장은 말할 것도 없이 구청장이나 시장직도 떼놓은 당상일 것이다.
나이가 들면 시끄러운 음악을 부담스러워할 법도 하건만, 게르드는 밤마다 식당과 바들의 '순찰'을 게을리 하지 않았다. 얼마 전, 게르드의 인솔 아래 몇 개의 바를 순례했다. 집으로 돌아온 것은 새벽 2시. 게르드의 줄담배로 생고생을 한 폐와 엄청난 데시벨의 록 음악으로 파열 직전에 이른 고막, 차가운 맥주로 인해 저체온증 증상을 보이는 '노구'를 이끌고 말이다.
"어떻게 하면 그렇게 오랫동안 밤의 황제 노릇을 할 수 있는 건가요?"
"음악을 사랑해야지. 그리고 꼭 간접 흡연자들이 폐암 걸려 죽어. 흡연자들 앞에서 성질 부리지 말고 담배를 피워 봐. 나처럼 쌩쌩해질 테니까."
참으로 따뜻함이 느껴지는 게르드 식의 충고다.

재작년에는 게르드가 뜬금없이 진도모피를 아냐고 물었다.
'흠… 한국 기업까지 꿰뚫고 있네. 게슈타포다워.'
그의 문어발 인맥은 끝이 어딘지 모를 지경이었다.
"그 회사하고 내가 관계가 좀 있어. 진도 모피의 초청을 받아 서울도 다녀왔지. 미스터 권, 미스터 리를 자주 만났는데…."
"진도 모피의 미스터 리…? 혹시 키와 손이 큰 사람 말인가요?"
"시가를 즐겨 피웠지. 위스키도 꽤 마셨고."
"내가 아는 진도 모피의 미스터 리는 담배를 피우지 않는 분인데…미스터리군요."

미스터 리

2001년 겨울, 난 지오 리포트 사이트와 인연을 맺었다. 그 사이트의 주인장은 알고 보니 같은 대학 출신이었고, 2000년 러시아에서 만났던 부산일보 기자와도 막역한 사이였다. 그 선배를 도와 사이트 만드는 일에 얼마간 참여를 했다. 2002년, 선배는 아프리카의 짐바브웨에서 돌 조각을 수입했다. 사이트 운영 자금을 마련하기 위해서였다. 모든 일이 잘 풀렸다면 그 사례는 세계 7대 불가사의 목록에 새로 추가할 수도 있었을 것이다. 선배의 사업 감각은 전설의 꽃 우담바라처럼 3000년 만에 한 번 나타난다면 다행일 정도였다.
그렇다고 내가 도움이 된 것 역시 아니었다. 어쨌든 여기 저기 수소문을 해 헤이리 세계

민속 악기 박물관 관장님을 소개 받았다. 선배와 나는 함께 헤이리를 찾아갔다. 악기(전문 박물관)이지만 명색이 박물관이니만큼 조각을 전시, 판매하는 일에 도움이 될지도 모른다는 생각에서였다. 그 자리에서 관장님이 같은 과 선배라는 사실을, 또 모스크바의 진도모피에서 일하셨다는 얘기를 들었다. 그냥, 그렇게 알고만 있었다.

2009년, 게르드가 느닷없이 진도 모피와 미스터 리에 대해 물었을 때, 나는 관장님을 떠올렸다. 서울에서 관장님과 만났을 때 취조를 시작했다.

"게르드가 아니라 제르… 뭐였더라…?"

관장님은 벌써 20여 년 가까운 일이라 이름이 잘 생각나지 않는다며, 다른 분에게 전화를 했다.

"제르후젠이야."

"처음 듣는 이름인데요. 혹시 게슈타포처럼 생겼나요?"

"맞는 것 같은데요. 우리 회사 변호사였어요. 카메라 수집가였고. 그런데 제르후젠을 어떻게 알아요?"

"지금 이스탄불에 살고 있어요. 부동산업을 해요. 얼마 전에 진도 모피의 미스터 리 얘기를 하길래, 혹시나 했더니…."

2010년 11월, 20여 년 전 모스크바 진도 모피의 변호사였던 게르드와 회사 직원이었던 미스터 리는 독일도, 한국도, 러시아도 아닌 터키의 이스탄불에서 이산가족 상봉하듯 해후했다. 둘은 반갑게 포옹을 했다. 그리고 동시에 말했다.

"어라, 똑같네…."

잔과 해리와 아리프

미스터 리는 열흘가량 이스탄불에 체류한 후 귀국했다. 때마침 연평도에서는 예기치 않은 화염이 피어 올라 가슴을 졸였다. 지구상에 남은 마지막 분단국. 전 세계의 언론이 다시 한번 불명예스러운 명칭을 들먹이던 시기였다. 정치에 대해서는 심드렁한 편이지만,

이 나라가 어렵게 쌓아올린 수십 년의 역사도, 보통 사람들의 승승장구하거나, 알콩달콩하거나, 치고받는 삶도 불과 몇 십 킬로미터 앞에서 날아오는 미사일이면 한순간에 쑥대밭이 될 수 있다는 사실을 실감했다.

나는 하루 종일 인터넷을 열어두고 전쟁의 허리케인이 몰려올지도 모른다는 속보를 시시각각 확인했다. 신문의 1면에서 전쟁 소식이 사라질 무렵, 긴장이 풀렸다. 그렇다고 속이 시원한 것은 아니었다. 한숨 돌리기 위해 우리는 짧은 여행을 가기로 했다. 지도를 펴고 한 곳을 짚었다. 에게 해의 아이발륵^{Ayvalik}이었다.

그리스의 시인 사포가 살았다던 레스보스^{Lesbos} 섬이 코앞에 있고, 금세기 초까지 도시 인구의 90%가 그리스인들이었던 소도시였다. 도시는 작았다. 이른 아침 버스로 도착한 까닭에 천천히 시내를 둘러보고, 근처의 섬까지 다녀왔는데도 12시가 되니 더 이상 가볼 곳이 없었다. 우리는 점심을 먹고 아리프의 학교 동창 잔에게 전화를 걸었다. 아이발륵으로 이사 왔다는 소문을 들었는데, 알고 보니 이 도시에서 한 시간 반쯤 떨어진 에드레미트^{Edremit}를 거쳐 다시 칼큼^{Kalkim}이라는 마을로, 그곳에서 다시 자동차를 타고 삼십 분을 더 가야 하는 외딴 곳에 살고 있었다.

집 주변은 황량했다. 텔레비전과 컴퓨터가 벼락을 맞아 망가지는 일도 몇 번씩이나 일어났다고 한다. 개 두 마리, 고양이 세 마리, 여자 친구, 천둥, 번개, 바람, 고요, 그리고 수백 년이 흘러도 마모되지 않을 것 같은 고독.

집에는 러시아 화가의 작품 두 점이 걸려 있었다. 자세히 보니 크롬스코이라는 사인이 있었다.

"어, 이거 참, 크롬스코이가 아니라 크람스코이$^{Kramskoi, 19세기 러시아 사실주의 화가}$였으면 백만장자가 되는 건데요."

나는 아쉬움을 표했다.

그의 할아버지는 1930년대 말 지금의 페테르부르크, 즉 레닌그라드로 파견된 터키 영사였다. 2차 대전 시기, 도시가 독일군에게 봉쇄될 당시 할아버지는 이스탄불로 철수를 했

다. 그때 러시아 그림들을 몇 점 사가지고 오셨다고 했다. 잔의 집에 걸린 그림은 크람스코이의 짝퉁 크롬스코이의 작품이었지만, 할아버지가 레핀의 진품이라도 사가지고 왔을지, 그리고 그 그림들이 60여년 이상 아무의 눈에도 띄지 않고 은둔 생활을 했을지 누가 알겠는가.

완전히 황당한 상상은 아닌 게 2년 전에도 한 친구의 아버지가 횡재를 한 사례가 있었다. 그 아버지는 이스탄불의 부동산업자였다. 수년 전, 이탈리아 사람이 살던 집을 팔았는데, 집에는 가구 몇 점과 그림들이 남아 있었다. 주인은 이탈리아로 돌아갈 예정이어서 친구의 아버지가 물건들을 가져도 좋다고 했다. 아버지는 그때 얻은 장롱을 사무실에 놓고 사용하다가 어느 날 그 안에 있는 그림을 바깥으로 꺼내 걸었다. 우연히 사무실에 들렀던 누군가가 그 그림이 이태리 화가 오트릴로의 그림과 비슷하다면서 고개를 갸우뚱거렸다.

아버지는 한방에 인생 역전의 기회를 얻을 수 있을 것인지, 구입한 로또 복권의 숫자를 확인하는 심정으로 미술품 전문가에게 감정을 의뢰했다. 결과, 그 작품은 발견되지 않았던 오트릴로의 진품으로 판명되었다. 가격은 수억을 상회할 수 있다고….

"혹시 할아버지 그림들이 유명 화가의 진품이라 100만 불쯤 벌게 된다면, 뭐 하고 싶은데?"

아리프는 오트릴로 사례를 이야기하면서 잔에게 물었다.

"아이발특에 자그마한 집 하나 사고, 프랑스에 가고 싶어."

"프랑스는 왜?"

"엄마가 프랑스 사람이라 나는 여권이 두 개야. 프랑스에 있었을 때가 그리워. 15년 전이었지. 한때 바스티유 오페라 극장 뒤쪽에 살았어."

"아, 우리도 작년 이맘 때 파리를 갔다가 그 동네에 묵었다네. 거리 이름이 뭐더라…."

아리프는 내게 물었다.

"루… 루… 트라베르시에던가?"

나는 거리 이름을 간신히 떠올렸다.

"앙? 나도 그 거리에 살았어. 해리라는 친구 집에서. 사진가였지."

"해리 그뤼에르…?"

해리는 벨기에 출신의 매그넘 사진작가다. 그는 몇 년 전 아리프의 집에서 한 달 정도를 묵었고, 매그넘 사진전 작업을 위해 한국을 방문했을 때에는 내가 그의 가이드를 했다. 2009년 파리에 갔을 때 우리는 해리 집에서 열흘 동안 신세를 졌다. 2010년 가을, 해리는 이스탄불에 와서 사흘을 머물다 갔다.

아리프와 잔은 미대 동창으로 35년 전 처음 만난 사이고, 마지막으로 본 것은 10여 년쯤 전이었다. 잔이 해리의 집에 묵은 것은 90년대 중반. 그 후 15년의 시간이 지나 잔이 살았던 해리의 집을 아리프와 내가 찾게 된 것은 아무도 상상할 수 없었던 우연이었다.

아이셰와 잔

잔의 집에서 하루를 묵고 아이발특으로 돌아왔다. 아리프는 이 도시에서 벌써 10년째 살고 있는 미대 선배에게 연락을 했다. 그 선배는 이스탄불을 떠나 이곳에 둥지를 튼 예술가들이 더러 있다고 했다. 그 가운데 한 명은 올리브 창고를 개조해 쓰는 그래픽 디자이너 아이셰였다.

"알 거야. 자네 동기 잔의 여자 친구 말이야."

"잔이라고요? 방금 잔의 집에서 오는 길이에요."

아리프는 잔과 아이셰가 연인 사이였다는 것을 몰랐다.

"잔이 여기 산단 말이야?"

선배는 오히려 잔에 대해서 궁금해 했다. 파서 얻어지는 것이 석유만은 아니다. 제대로 파면 묻혀 있던 진실도 구하게 된다.

"그 친구 사는 집이 여기서 두 시간쯤 걸려요. 허허벌판이에요."

"신문에서 몇 번 기사를 읽기는 했지만, 세상이 넓은 것 같아도 부처님 손바닥 안이야. 어쨌거나 아이셰와 잔이 사귀었던 것도 수십 년 전 일이야. 아이셰는 몇 년 전, 갈립과 결혼했지. 혹시 아나? 독일 문학 전공자였는데…."

"글쎄요."

"갈립의 전 부인이 아마 산부인과 의사였지."

아리프는 아다나 출신으로 함께 자란 친구들이 몇 있었다. 아리프는 그 중 티무르, 살립이라는 친구와 삼총사처럼 어울려 다녔다. 살립은 시인이 되었고, 앙카라(Ankara, 터키의 수도)에 살다가 몇 년 전 이스탄불로 이주를 했다. 티무르는 가지안텝(Gaziantep)이라는 터키 남부 도시에 병원을 개업한 의사다. 함께 새총을 만들어 참새를 잡고, 이웃의 과수원에서 과일 서리도 하고, 도스토옙스키에 대해 토론하기도 했던 친구가 티무르였다.

티무르에게는 여동생이 두 명 있었다. 한 명은 예쁘장한 새침데기였다. 괜찮은 남자 만나 행복하게 사는 게 여자 팔자라는 부모님의 믿음을 따라 군인에게 시집을 갔다. 반면 그 아래 동생인 귤네할은 털털했고 호기심이 많은 톰보이 스타일이었다. 동네 아주머니가 출산할 때 뱃속의 아이가 좁은 길을 지나 너른 세상으로 나오는 과정을 보고 상당한 경이를 느꼈다고 한다.

'이건, 마술이네…'

꼬마 귤네할은 마술사가 되는 꿈을 꾸었다. 결국 귤네할은 의대에 진학했고, 꿈을 이루어 산부인과 의사가 되었다. 그의 전남편이 바로 갈립이었다. 그리고 갈립의 두 번째 부인이 아리프 대학 동창의 옛 애인인 아이셰였다.

여행을 하면서 우리는 헤어지고, 만나며, 거미줄처럼 복잡한 인연의 실타래를 목격한다. 여행은 결국 드넓은 세상과 예측 불가능한 인연의 바다 위를 헤엄치는 일이다. 내일은 또 어디로 떠날까. 그곳에선 또 누구를 만나게 될까.

part 04
나를 찾아서

나는 터키에서 태어난 유태인이야.
민족, 성별, 외모, 가족, 학교, 국가…
내가 결정한 건 아무것도 없었어.
인생에서 스스로 선택할 수 있는 게 뭐가 있는지 보니까,
축구더라구.
집안은 갈라타사라이 팀을 응원했지만
난 페네르바체를 골랐지.
뭐, 나는 나니까.

투르크 전사의 탄생

그의 앞에는 죽음이 아니라 무(無)가 있을 뿐이다.
-조지 오웰, 1984

고스톱을 친다. 들어오는 패는 매번 같다. 승부도 마찬가지다. 한 번은 내가, 다른 한 번은 상대가 이긴다. 아무리 신중하게 패를 섞고, 머리를 써서 게임을 해도 달라지지 않는다. 짜고 치는 고스톱처럼 맥 빠진 날들. 그렇게 권태가 삶의 목을 조르던 어느 날, 길을 나섰다. 화투짝을 내던지고 판을 엎어버리는 심정으로…

오후 아홉 시, 버스 회사에 전화를 해서 에게 해 쪽 휴양 도시 아이발릐 행 표를 알아봤다. 두 시간 반 후에 떠나는 버스가 있었다. 가볍게 여장을 꾸리고 집을 나섰다. 터미널 주변은 버스와 자동차들이 뒤엉켜 대단히 혼잡했다. 여행 성수기도 아니고, 평일인데다 자정에 가까운 시각이었는데도 말이다. 곳곳에서 펑펑 소리가 들렸다. 게다가 멀리서 보니 한 버스 뒤로는 붉은 화염이 피어 오르기까지 했다. 터미널에는 수백 명쯤 되는 인파가 몰려 있었다. 무슨 일이 일어난 게 틀림없었다.

화끈하게 보내주마!

테러일까? 괜한 호들갑이라고만 할 수는 없는 게, 10월 말 터키 공화국 창건일 바로 전날에도 이스탄불 시내의 탁심 광장Taksim square에서 자살 폭탄 사건이 일어났기 때문이다. 평화 회담이 한참 진행되던 중이라서 터키인들과 쿠르드인들의 갈등에 새로운 불똥이 튀길 수도 있다는 우려가 팽배했다. 목숨을 잃은 사람은 폭탄을 몸에 둘러맨 쿠르드인

당사자였다. 쿠르드 무장 조직은 그 사건이 조직의 결정이 아니라 소수 강경파 가운데 한 사람이 과잉 충성을 보여주기 위해서 행한 개인적인 차원의 일이라고 해명했다. 사건은 큰 파장을 일으키지 않고 신속하게 마무리되었다.

나는 자살폭탄테러의 목격자가 될지도 모르겠다고 약간 긴장하면서 차에서 내렸는데, 터미널은 의외로 흥겨운 분위기였다. 오색 불꽃과 하얀 연기가 깜깜한 밤하늘을 메웠다. 누군가를 헹가래 치거나 목마를 태우고 터미널을 뛰어다니는 젊은이도 많았다. 그 순간 또 나의 머리는 빠르게 움직였다.

'축구 팬일까? 그렇다면 목마 위의 청년은 주전 선수가 틀림없다. 동네 조기축구 팀 소속이라 예산 부족으로 자체 차량이 없는 까닭에 고속버스를 타고 원정 경기를 떠나는 걸거야.'

국기와 폭죽, 불꽃, 그리고 수염이 시커먼 청년들이 무리를 짓고 괴성을 지르는 행태로 보아 축구팬들이 분명하다는 생각이 든다.

그런데 조금 특이한 장면이 눈에 들어왔다. 모인 사람들은 훌리건들이 전부가 아니었다. 머리에 스카프를 쓰고 긴 치마를 입은 이슬람교도 아주머니들도 북과 피리 장단에 맞춰 열정을 쏟아내고 있었다. 터키에서 아무리 축구를 인생의 이정표로 삼는 사람들이 많더라도 설마, 아줌마들까지 그 대열에 가세를 하려고….

그렇다면, 결혼식일까? 터미널은 한 쌍의 남녀가 일생을 함께 여행하겠다는 약속을 상기시키니만큼 혼사의 상징성과는 일맥상통하는 부분이 있다. 신랑 될 남자는 지방에 사는 신부의 친척에게 인사를 하러 장거리 버스를 타는 것인지도 모른다. 하지만 사이비 종교의 집단 결혼식도 아닌데, 여러 명의 총각들이 단체로 모여 전국 각지로 흩어져 간다는 가정 역시 설득력이 없어 보인다.

버스 한 대가 터미널 안으로 들어왔다. 대합실에서 기다리던 승객들은 차례대로 버스에 올라탔다. 마지막으로 한 청년이 탑승을 하려 계단을 오르자 수십 명이 그 뒤를 따랐다. 청년과 비슷한 또래의 남자들이 대부분이었고, 목마를 탄 어린이들, 나이가 지긋해 보이는 아주머니, 아저씨들도 있었다. 버스 밖의 무리들은 차 앞에 서서 국기를 흔들며 노래를 했다. 폭죽과 불꽃이 연이어 터졌다.

차 안에서는 머리를 깎은 청년이 창밖의 인파를 향하여 경례 자세를 취했다. 하지만 그 청년 때문에 출발이 지연되는데도 운전사는 버스 앞의 행사를 저지하지 않았다. 승객들도 빨리 떠나자고 운전사를 종용하지 않았다. 운전사는 천천히 운전대를 돌렸지만 환호성은 여전했다.

10여 분쯤 지났을까. 영문을 모른 채 고개만 갸웃거리던 아리프는 뒷짐을 지고 젊은이들의 소동을 지긋이 바라보는 노인에게 다가가 물었다.

"군 입대식이에요."

남자로 태어나다

한국에서는 군 입대를 웬만하면 피하고 싶어 하는 경향이 있는데, 터키인들은 불꽃놀이에 축포까지 쏜다고? 나는 좀 의아한 생각이 들었고, 남자들을 만날 때마다 군대 얘기를 물었다.

"터키 사람들도 병역 면제에 민감한가요?"

터키의 국부로 불리는 아타튀르크^{Ataturk}의 초상화가 걸려 있는 동네 찻집 아저씨에게 물었다.

"다들 똥밭에 가서 땀 흘리고 왔는데, 혼자 멋진 스파 가서 사우나 하는 사람들 보면 배 아프지. 군대를 가야 남자가 되는 거야."

아저씨는 먼 곳을 바라보며 대답했다.

"그럼, 아저씨 아들들은 군대 다녀왔어요?"

"물론이지. 한 놈은 안탈리아^{Antalya}에서 반년, 다른 한 놈은 보드룸^{Bodrum}에서 3주 방위 받았어."

3주 방위라⋯. 그것도 터키 최고의 휴양지인 안탈리아와 보드룸에서⋯. 아저씨는 별로

신처럼 보이지 않는데, 아들들만큼은 신의 아들인가 보다.
"그 정도 가지고 남자가 될 수 있나요?"
"제대를 하더니 최소한 자기 침대 정리는 제대로 하더구먼."

의무징병제라 병역 기피가 쉽지는 않은 나라, 터키. 일단 고졸 이하는 15개월 근무다. 대학 졸업자는 학사 장교와 사병 중에서 선택할 수 있는데, 월급을 받는 학사 장교는 12개월, 일반 사병은 6개월 근무다. 외국에 3년 이상 거주하거나 직장이 있는 경우, 5112유로를 지불하면 3주 방위로 군복무를 마무리할 수 있다. 한 친구는 터키에 지진이 일어났을 때 4주간 근무했다. 국가 재정이 긴급하게 필요하던 때였기에 일정 금액을 지불하고 군복무를 짧게 마친 것이었다.

지금 나이가 육십인 아리프의 선배 사바하틴은 석 달 복무를 했다. 80년대 쿠데타 직후였고, 정국이 혼란했던 시기였다. 사바하틴은 군부에 저항하는 좌익 서클의 주동자였다. 터키의 군 관계자들은 사바하틴을 좌빨로 분류하여 군복무 기간을 짧게 단축시켰다. 그렇지 않으면 사병들에게 불온사상을 불어넣고 군을 위험에 빠트릴 수도 있다는 근거였다.

동성애자들도 병역 면제다. 다만 자신이 동성애자임을 증명하는 비디오를 제출해야 한다. 터키에서는 동성애자 가운데서 능동형과 수동형을 구분하고, 수동형만을 게이로 인정한다. 성 정체성과 병역 면제 사이에 긴밀한 연관이 있는 만큼, 터키 군부는 엄밀한 심사를 위하여 상당량의 포르노 비디오를 확보하고 있다고도 한다.

인생 최고의 휴가

군복무에 관한 한 한국보다는 터키에서 의외로 빠져나갈 구멍이 많은 것 같았다. 터키에서 만난 친구들 가운데 15개월 현역 근무자는 딱 두 사람이었다. 공교롭게도 둘 다 사이프러스Cyprus, 터키군과 그리스군이 주둔하는 섬에 있었는데, 인생 최고의 휴가 기간이었다고 했다. 4주 방위를 받았던 친구는 군대 얘기를 상대적으로 자주 했다.

"정말 고생이 많았어."

"뭐가 그리 힘들었는데?"

"엄청 더웠거든."

친구 집에서 저녁 먹다 만난 한 변호사는 지금 사십 대 중반으로, 3개월 동안 군복무를 했다. 당시 나이가 서른여덟이었다. 그의 어머니는 터키 땅에서 수천 년 살아왔던 그리스인이었고, 아버지는 터키인이었다.

"혼혈인데도 군대를 가요?"

"혼혈을 제외시킨다면 터키 군인은 한 사람도 찾아볼 수 없을 거예요. 아랍, 유태인, 아르메니아, 그리스, 타타르 등 다양한 민족들이 살았던 나라라서 오히려 군대는 색다른 목소리들을 하나로 통합하는 기능을 하죠."

"늦은 나이에 군복무를 해서 고생스럽지는 않았나요?"

"오히려 나이 덕을 봤어요. 터키에도 장유유서의 풍습이 있죠. 나이 든 사람을 함부로 대하는 후레자식들은 그저 다리몽둥이를 부러뜨려야 한다고 열을 내는 사람이 많아요. 고참들은 이십 대 초반이었지만, 부대장은 마침 나와 동갑이었어요. 부대장과 같이 밥도 먹고, 당구도 쳤어요. 졸병이었는데 부대장 대접 받으며 복무한 거예요. 지금도 가끔 만난답니다."

나이가 서른인 친구 사메트는 신용 카드 대금을 연체하듯 학부 내내 군복무를 연기했다. 졸업만 하면 영장을 발부 받게 된다. 사메트는 얼마 전 갑상선 수술을 한 기록이 군대로부터 자신을 구해주지 않을까 희망을 걸고 있다. 그는 길어야 6개월이고, 그보다 더 짧을 수도 있지만 군복무를 시간 낭비라 생각하는 쪽이다.

"터키 현역군이 51만 명 가량인데, 그 중 20여 만 명이 고급 장교의 운전사, 요리사, 비서, 자녀들의 가정교사 일을 한다는 통계가 있어. 이게 투르크 전사야, 아니면 당나라 군대야? 모병제로 전환을 해야 해."

군복무를 비판하는 사람들은 주로 식자층과 쿠르드인들이었다. 고학력자들은 군대에 가서 머리가 썩는 게 개인뿐 아니라 국가의 손해라고 생각했다. 쿠르드인들은 자기 마을, 친척들에게 총부리를 겨누는 고약한 운명이 그들을 사로잡지 않도록 기도할 뿐이었다. 쿠르드는 여전히 터키의 일부지만, 대다수 쿠르드인들이 사는 터키 동부 지역에서는 두 민족 사이의 전쟁이 계속되기 때문이다.

"그래도 보통 터키 남자들은 군 입대를 쌍수 들고 환영해. 중학교나 고등학교를 졸업하고, 마땅한 직업도 없이 동네에서 빌빌거리고, 못난 놈 소리나 듣다가 머리 깎고 총 들면 근사해 보이잖아. 또 터키 남자들은 총에 환장하는 마초들이 많아. 장난감 가지고 풍선만 쏘다가 화약 냄새 나는 진짜 총을 들면 카리스마가 절로 생기는 거지. 전쟁에 뛰어들고 싶어 좀이 쑤시는 사람들이 한둘이 아니야. 터키 남자애들은 어릴 때부터 군인 인형을 갖고 놀면서 빨리 입대하게 해주세요, 꿈을 꾼다니까."

"1500여 년 전, 중앙아시아에서 이동한 투르크 민족은 말 탄 군인이었어. 군벌 우대 풍습이 강했지. 군인들이야말로 최고 엘리트 계급이야. 또 시골에서는 군대도 안 간 놈이, 즉,

세상 물정을 모르는 놈이 어떻게 자기 마누라를 건사할 수나 있겠냐고 생각하지. 장가를 가려면 군복무는 필수야. 취직도 마찬가지고. 그래서 이제나 저제나 영장이 나오기를 기다려. 군부대 배치를 받으면 새 생명을 받은 기분이 드는 거야."

꽃 같은 젊음을 수장하지 않는다면…

터키에서 결혼식 전날은 '헤나의 밤'이라 불린다. 헤나는 염색제인데, 피부 보호제로도 사용한다. 신부의 가까운 친척이나 친구들은 결혼이 헤나처럼 보호막이 될 거라는 믿음에서 신부의 손을 물들인다. 터키 군인들도 입대를 하면 엄지손가락을 헤나로 염색한다. 총을 쏠 때 신의 가호를 받는다고 여기기 때문이다. 새 삶을 출발하기 전에 손을 염색하는 신부와 군인은 비슷한 데가 있다. 신부는 처녀에서 아내로 다시 태어나고, 가정에 봉사한다. 군인은 전쟁놀이를 하는 소년에서 진짜 나라를 지키는 군인이 되어 조국에 봉사한다. 결혼과 군대에서 그들은 새로운 정체성을 부여 받는다.

"살아서 돌아오리라, 살아서 돌아오리라…"
터미널의 노래는 계속되었다. 낯선 삶에 대한 기대감과 이 순간이 생의 마지막이 될 수도 있다는 두려움이 귀청을 터지게 할 듯한 폭죽과 화려한 색깔의 불꽃 속에서 작렬하며 청년의 먼 길을 배웅하고 있었다. 버스 바깥의 축제 분위기와 달리 머리를 빡빡 깎고 경례를 하는 버스 안 청년의 얼굴은 비장했다.
장거리 버스가 향하는 어둠의 저편에서는 청년들이 투르크 전사로, 남자로, 다시 태어날지도 모른다. 돌아온다면 답답한 게임일랑은 집어 치우고 삶의 판을 새롭게 짤 수도 있을 것이다. 그들이 총알과 포탄 속에서 추악한 죽음의 카니발을 벌이지 않아도 좋다면, 그곳에서 꽃 같은 젊음을 수장하지 않는다면….

내 이름은 코렐리

싸움이란 건 언제나 실명의 한 형태라고 할 수 있지.
—주제 사라마구, 눈먼 자들의 도시

아버지의 전리품

5층에 사는 엔긴 아저씨는 다섯 살 때 할례를 했다. 열네 살인 사촌 형과 두 살 위인 친형과 함께였다. 아저씨에게는 아주 특별한 날이었다. 무슬림들에게 할례식은 중요한 통과 의례의 하나이기 때문이다.

1582년 술탄 무라드 3세 치세 때는 왕자 메흐메트의 할례 행사를 준비하는 데에만 1년여의 기간이 소요되었다고 한다. 할례식 당일, 중요 부위의 벗겨진 피부는 금 쟁반에 받쳐 왕비에게 전해졌고, 할머니에게는 칼이 전달되었다. 할례를 집행한 의사는 금화 3000냥을 하사 받았단다. 축하 행사는 무려 45일간이나 거행되었는데, 이 시기에는 해외 원정조차도 미루었다고 한다.

어쨌든 그것은 술탄 집안 얘기고, 엔긴 아저씨는 평민이었다. 그래서 잔치도 하루로 끝났다. 하지만 예나 지금이나 터키의 소년들은 할례식 날만큼은 왕자 대접을 받는다. 엔긴 아저씨도 번쩍거리는 왕자 옷, 왕관, 손에는 봉까지 쥐고는 이후 이스탄불의 카지노가 될 옛 궁전으로 향했다. 연회장에는 이삼백 명가량의 하객들이 들뜬 얼굴로 그날의 주인공들을 기다리고 있었다. 형들과 함께 아저씨가 입장하자 미리 초대된 악단은 음악을 연주했다.

1번 타자는 막내 엔긴 아저씨였다. 아저씨의 어머니는 아들을 홀의 뒤쪽 커튼이 쳐진 방

으로 데리고 갔다. 그곳에는 하얀 가운을 입은 이발사 아저씨가 면도날을 숫돌에 열심히 갈고 있었다.
"스윽 스윽…."
좋은 일이 일어날 거라는 감언이설 외에 구체적인 설명을 듣지 못했던 아저씨는 막연한 공포감에 모골이 송연해졌고, 얼굴이 창백해지기 시작했다. 그 순간 누군가 아저씨를 체포하듯 팔을 뒤로 돌려 쥐었다. 또 다른 사람은 발을 어깨 넓이로 벌리게 한 채 붙들었다. 엔긴 아저씨가 빠져나오려 몸부림을 치기도 전에, 이발사 아저씨는 번쩍이는 칼을 들고는 휙!

엔긴 아저씨가 다음 희생자에게 자리를 물려주고 어정거리며 연회장으로 인도되자 여자들은 통곡을 하기 시작했다. 큰 소리를 내지 않는 사람들도 눈물을 글썽였다. 지금 아파 죽겠는 사람은 누군데…. 우는 아주머니들이 신기해서 아저씨는 어안이 벙벙해 있다가 몇 분이 지난 후 얼굴에 핏기를 잃고 기절을 했다.

집안의 중요 행사인 만큼 할례 잔치는 한국 전쟁에 갔던 아버지의 귀환 날짜에 맞춰 준비한 것이었다. 아버지는 한국에서 14개월 동안 근무했다. 그 사이 한두 달 휴가를 얻어 고향으로 돌아올 수도 있었지만, 이동 수단은 배 하나뿐. 물을 건너 오가는 데에만 휴가 기간이 몽땅 날아갈 판이었다. 그래서 군인들이 찾아간 곳은 터키가 아니라 이웃나라 일본이었다.

할례의 충격에서 깨어난 엔긴 아저씨의 손에 쥐어진 것은 아버지가 일본에서 사온 장난감들이었다. 태엽을 감으면 심벌즈를 치는 원숭이, 털이 북실북실한 곰 인형, 머리 위에 이상한 안테나가 달린 양철 로봇과 특이한 모양의 자동차들이 그의 아픈 고추와 마음을 위로해 주었다.

아버지가 돌아오신 후, 엔긴 아저씨는 엄마 방에서 쫓겨나 형과 함께 잠을 자게 된 것이 불만이었다. 하지만 엄마의 따스한 품을 벗어나는 대신 엔긴 아저씨는 새로운 세상을 얻게 됐다. 할례를 하면서 남자로 태어났고, 아버지가 가져온 '전리품'들을 통해 멋진 신세계와 조우하게 된 것이었다.

우리의 피를 흘린 땅

내가 터키를 처음 방문했던 해는 2000년이었다. 한국 사람이라고 하면 다들 얼굴에 미소가 번졌다. 안탈리아의 찻집에서 만난 60대의 할아버지는 사촌 형이 한국전에 참전했다고 하면서 차를 대접했고, 파묵칼레에서 만난 30대의 여행사 직원은 고향이 카이세리인데 할아버지가 한국을 다녀왔다고 하면서 나자르본주^{터키의 전통 부적}를 주었다. 또 피시방 직원인 십대 소년도 먼 친척 가운데 한국전 참전 군인이 있었다면서 10분 추가 요금을 받지 않았다.

2000년, 터키 인구 6560여만 명 가운데 아버지, 삼촌, 할아버지 등 직계 친척은 물론이고, 사돈의 팔촌 가운데 한국전 참전 군인이 없는 사람이 대체 있기는 한 걸까? 상황은 지금도 마찬가지다. 내가 사는 아파트에는 모두 7가구가 사는데, 그 가운데 한국전 참전자를 집안에 끼고 있는 가구가 벌써 두 집이다.

대체 참전자가 얼마고 가족의 숫자가 얼마나 되어야 집안에서 한국 물 먹은 사람이 나올 수 있을까? 국방부 전사 편찬위원회에서 발표한 자료를 찾아보았다(1986년 자료).

참전군인: 1만 4936명(전사자 717명, 실종자 167명, 부상자 2246명)

1953년 터키 인구: 2775만 4000명

2000년 터키 인구: 6566만 6677명

단순하게 계산해서 집안에 한국전 참전 군인이 한 명 있으려면, 1950년 한국 전쟁 발발 시에는 한 가족의 숫자가 2만여 명, 2010년에는 5만여 명 정도가 되어야 한다. 한국 사람을 만날 때마다 집안에 한국전 참전 군인이 있었다고 말하는 터키 사람들. 그만큼 대가족인 것인지, 또 대가족이라면 그 관계를 줄줄이 꿸 만큼 머리가 좋은 것인지, 아는 사람들을 단순히 포함한 것인지, 혹은 한국 여자에게 어떻게든 가까이 접근하려는 속셈에서 역사를 들먹거린 것인지는 알 수 없는 노릇이다.

이쯤에서 나의 궁금증은 보폭을 넓혔다. 공산과 자유 진영이 붙었고, 또 남의 전쟁이라는 면에서 터키의 한국전 참전과 비슷한 베트남전의 한국군 기록을 비교해 봤다. 1964년 비전투 부대인 비둘기 부대의 파견을 시작으로 1973년 철수 시기까지 8년 8개월 동안 베트남전의 한국인 참전자는 31만 2853명이었다. 현재 대한민국 현역 군인의 거의 절반 가량을 차지하는 숫자이니 어마어마한 규모였다. 그 가운데 5077명이 사망했고, 전상자는 1만 962명이었다. 당시 남한 전체 인구의 1%가량이 베트남 참전 군인이었다.

한국전에서 싸운 터키 군인들보다 베트남전에서 싸운 한국 군인들은 약 30배 많았고, 전사자는 65배가 많았다. 게다가 한국 전쟁의 발발 시기는 베트남전보다 20여 년 먼저였다. 객관적인 정황으로만 보면 한국 사람들이 베트남전을 더 생생하게 기억할 것 같은데, 현실은 다르다. 한국인들은 월남에서 돌아온 김 상사를 빨리 잊었고, 그 빈자리를 '도망가지 않는 신부'로 메웠다.

터키인들은 한잔 커피에 40년 우정이 간다고 말한다. 그만큼 인연을 소중하게 여긴다. 그런데 커피 정도가 아니라 한국 땅에서 피까지 흘렸으니 60여 년 동안 참전 용사들의 신화와 전설이 이어지는 것은 당연한 일일까.

아주 특별한 이름, 코렐리

한국전 참전 군인들은 자원병이었다. 1950년 1차 선발 시 모집 정원은 5000명이었는데, 1만 5000여 명이 몰려들었다. 게임도 아니고 자기 목숨을 배팅해야 하는 진짜 전쟁이지만 떠밀려가기는커녕 서로 가겠다고 신청서를 내서 3:1의 경쟁률을 기록했다.

사유는 가지가지였을 것이다. 엔긴 아저씨 아버지의 경우에는 어머니 병구완이 목적이었다. 아버지는 군 법관으로 흑해 연안 도시인 트라브존에서 근무를 했다. 그런데 엔긴 아저씨의 할머니는 트라브존에 살면서 지병인 류머티즘이 악화되어, 적절한 치료를 받아야 만했다. 방법은 하나, 이스탄불로 모셔오는 것. 그러나 이스탄불로 발령 나기를 기다리다가는 어머니의 상을 치르게 생겼던 것이다.

한국전쟁은 기회였다. 아저씨의 아버지는 참전을 자원했다. 이스탄불로 즉각 배치시켜주는 조건을 걸고 말이다. 이렇게 해서 가족들은 이스탄불로 이사를 왔고, 아버지는 미지의 땅 한국으로 떠났다.

또 다른 사유들도 있었을 것이다. 아나톨리아의 어떤 청년은 1500여 년 동안 전장에서 삶을 꾸려왔던 터키 군인들의 피를 물려받았을 것이다. 그는 1920년대 초반 이후 터키가 세계대전에 불참하면서 전쟁의 휴지기를 맞자 타고난 투사의 본능이 녹스는 것을 침울한 눈으로 바라보고 있었을 것이다. 그는 답답한 새장을 벗어나 수천 킬로미터 떨어진 대지 위에서 전사의 유전자를 일깨우고 싶었을 것이다.

애국심이 젊은이들을 미지의 땅으로 이끌었을 수도 있었을 것이다. 2차 대전 때 독일군의 패배를 이끌고 의기양양해진 스탈린은 이스탄불 공략의 야욕을 숨기지 않았다. 바다 건너의 적으로부터 터키를 구해낼 수 있는 것은 나토$^{NATO, 북대서양 조약기구}$였다. 나의 가족과 벗과 조국을 지켜야겠다는 심정에서 그들은 지구 반대편으로 떠났을 것이다.

그 가운데는 도박의 달인들이 있었을지도 모른다. 평온과 안락에 역행하여 목숨을 걸고 피 튀기는 전장에서 러시아 룰렛 게임을 즐기고 싶었던….

참전자들 가운데 누군가는 한국에서 목숨을 잃었고, 또 누군가는 부상을 훈장처럼 달고 왔다. 그렇게 돌아온 사람들은 그들이 떠날 때의 모하메트와 아흐메트, 알리와 무스타파가 아니었다. 그들에게는 새로운 이름이 붙여졌다.

'코렐리^{Koreli}'

개척자들

참전 용사들은 한국에 다녀왔다는 이유로 한국인이라는 뜻의 코렐리라고 불렸다. 1960년대 말부터 독일에 취업하는 터키 노동자가 많았는데, 그들은 아무리 오래 있다가 돌아와도 '알만^{독일인}'으로 불리지 않았다. 그냥 '투르크'였다.

코렐리들은 특별했다. 미다스^{Midas}가 손대는 물건들이 황금으로 변했듯, 한국전 참전 군인과 관련된 것들은 코렐리가 되었다. 흑해와 햇빛이 불타는 아다나^{Adana}, 웅장한 고대 그리스 원형극장이 있는 시데^{Side}, 이스탄불에서 코렐리들이 차린 식당과 이발소, 타이어 수리점은 코렐리라는 간판을 달고 있다. 코렐리들이 타고 다니는 배, 트럭, 자동차, 버스 등도 코렐리라는 이름을 달고 다닌다. 그들의 아이들은 본명 대신 코렐리의 아들, 코렐리의 손자 아무개로 통했다.

무신 우대의 전통이 살아 있는 이 나라에서 코렐리는 자랑스러운 브랜드였을 것이다. 코렐리는 군우리, 김량장 등 전투에서 중공군에 대적하여 일 당 백으로 필사의 힘을 다해 싸웠던 진정한 투르크의 전사들이었다. 그들은 본국은 물론이고, 미국을 비롯한 연합국 병사들의 귀감이 되었다. 하지만 코렐리들이 용감한 전사였다는 이유만으로 인기를 얻은 것은 아니었다.

동유럽부터 북아프리카, 아라비아 반도에 이르기까지 방대한 영토를 다스렸던 오스만 제국은 19세기에 유럽의 병자 소리를 듣더니, 20세기에는 사망 직전의 상태에 이르고, 영토는 마른 미역만큼 쪼그라들었다. 1923년 세워진 터키 공화국은 아르메니아, 그리스, 소련, 쿠르드 등에 둘러싸여 국경이 막힌 고립된 나라였다. 국경을 넘나든다는 것은 특권층에게나 가능한 일이었다. 1980년대까지만 해도 해외 여권을 가지기 어려웠고, 미화 백 달러 이상은 반출할 수 없었으며 양담배 소지조차 범죄로 여겨질 정도였다.

1950년대의 터키인들에게 한국은 몇 광년을 날아가야 닿을 수 있는 안드로메다의 혹성과도 다르지 않았다. 터키 장병들이 한국에 도착했을 때, 오랫동안 막혀 있던 터키의 비

전은 수천 킬로미터를 지나 머나먼 옛날, 자신들의 뿌리가 있던 아시아로 넓어져갔다. 코렐리는 터키 사람들 가운데는 아무도 몰랐던, 신천지의 개척자들이었다. 엔긴 아저씨가 아버지에게서 받은 장난감은 달나라의 월석 같은 신세계의 표식이었다.

멋진 신세계

"그쪽 사람들은 어떻게 삽디까?"

달 표면에 첫발을 내디던 암스트롱이 수많은 인터뷰를 해야 했듯, 한국에 다녀온 코렐리들은 지역의 스타였다. 그들은 손님의 머리를 깎고, 자동차 수리를 하거나, 음식을 나르면서 한국에서 가져온 이야기들을 얹어 팔았다. 그들은 북한군과 1킬로미터를 사이에 둔 연병장에서 한 미군이 열심히 싸우기 위해 이른 아침 체조를 하다가 이마에 총을 맞아 죽은 사건과 그 다음 날 또 다른 미군이 비슷한 실수를 저질러 죽게 된 웃지 못할 사연들을 맛깔나게 전했다. 그들은 화염 속에서 고아가 된 어린이들을 보살폈던 기억을 떠올리며, 그들과 한국을 하나로 엮어주었던 새로운 인연들에 대해 이야기했다.

외국을 몰랐던 지방 농민들에게 코렐리들은 해외 통신원이었고, 내셔널 지오그라피 작가였다. 또한 그들은 눈을 뜬 사람들이기도 했다. 10대 후반에서 20대 초반이었던 코렐리들은 부모와 조부모가 못 보고, 못 들었던 것을 목격했던 인생의 탐험가였고, 그래서 남들이 모르는 것도 아는 현자로 인정받기까지 했다고 한다. 마을 사람들, 심지어 나이 많은 노인들도 코렐리를 삶의 백과사전으로 취급했다.

60여 년 전, 터키에서 누구보다 먼저 색다른 세상을 경험했던 코렐리들은 대부분 죽음의 문턱을 넘었다. 살아 있는 코렐리들도 곧 그 뒤를 따를 것이다. 많은 것들이 달라졌다. 전쟁에 대한 기억 위에 2002년 월드컵의 환호성이 겹쳐진다. 터키의 코렐리들 대신 '진짜' 코렐리들이 하루에도 수백 명씩 이 땅으로 날아온다. 관광객으로, 현대, 삼성, LG, SK 등의 브랜드를 달고.

위대한 전사였으며, 탐험가였던 코렐리들의 증언은 전설과 신화가 되었고, 수십 년의 세월이 흘러 그 찬란했던 과거의 색도 바래간다. 60여 년 전, 터키 코렐리들의 한국은 현재 그들이 상상하지 못했을 '멋진 신세계'로 탈바꿈했다.

몇 개월 전 아리프의 사촌을 만났다. 그의 나이 육십이었다.

"한국 사람이라고요? 진짜 코렐리네요. 우리 아버지도 코렐리었어요. 동네 사람들은 무스타파 코렐리라고 불렀죠. 폭파 전문가셨어요. 늘 한국 얘기를 하셨지요. 돌아가신 지가 벌써 20년입니다. 그런데, 아버지가 싸웠던 남북한 사이의 전쟁은 아직도 진행 중이군요."

너무 빠른 변화들은 우리를 가끔 슬프게 한다. 나는 초등학교 때 '우리의 소원은 통일'을 불렀지만, 나의 조카들은 그 노래를 모른다. 변화하지 않기 때문에 가슴 아픈 것들도 있다. 최첨단 인터넷 강국 '멋진 신세계'에서 60여 년이 넘게 들려오는 총성처럼.

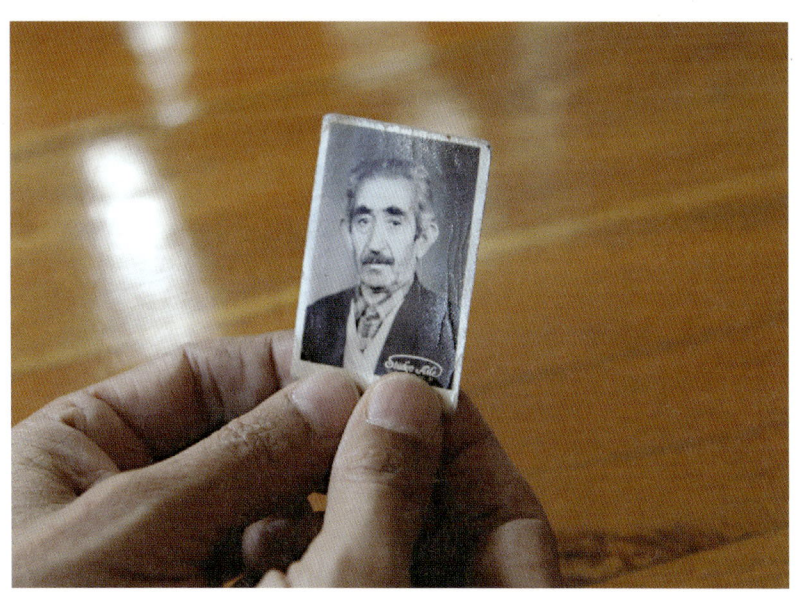

무슬림 여대생의 이중생활

현명한 것 이외에는 원해선 안 된다는 의무에 짓눌리지 않기 위해서
더없이 어리석은 짓이라도 능히 할 수 있는 권리를 갖고 싶기 때문에
—도스토옙스키, 지하생활자의 수기

중·고등학교 때 나를 비롯한 친구들은 어떻게 하면 치마나 바지를 짧게 입는가 하는 데 관심이 많았다. 등굣길이나 방과 후에는 치마와 바지를 몇 단 접어서 1센티미터라도 노출 수위를 높히려 무던히도 애를 썼다. 선생님들이 물론 장님은 아니었다. 교문 밖 5킬로미터 반경까지는 선생님들이나 학생들도 경계를 게을리 하지 않았다.
"저 여학생, 아무래도 2학년 3반 학생 같은데…."
"앗, 길 건너편에서 학생 주임 선생님을 본 것 같아. 뒷골목으로 피신하자."
학교에서 멀더라도 신당동 떡볶이촌처럼 중딩, 고딩의 '유흥가'는 요주의 지역이었다. 다른 학교 선생님들까지 가세해 이중, 삼중의 검열 체계가 만들어졌기 때문이었다. 미성년자 여학생들만 감시의 대상인 것은 아니었다. 90년대 중반까지만 해도 배꼽티를 입은 20대 여성들이 경범죄로 즉심 재판에 회부되는 일이 있었다. 그 당시 경찰서에는 성균관 유림과 시민들의 격려 전화가 걸려왔다고 한다.
"부끄러움도 없이 여기저기 드러내 놓고 다니는 여자들을 단속하시느라 얼마나 수고가 많으십니까. 앞으로도 미풍양속을 지키기 위해 계속 노력해 주십시오."

벗느냐, 마느냐, 이것이 문제로다

옛날 얘기다. 요즘은 가슴부터 엉덩이까지 노출의 수위도 높아졌다. 그래도 여배우들의

아찔한 상, 하반신 노출은 여전히 세간의 관심거리다. 여성의 몸은 아직도 감시의 대상이거나 남자를 유혹하는(혹은 단념시키는) 무기가 되고, 남성 중심의 가부장제를 견고하게 다지는 데 봉사한다.

벗느냐, 마느냐, 이것이 문제로다. 터키라고 사정이 다를까? 다만, 이곳에서는 노출이 아니라 가리는 게 사회적 논란거리다.

"어이, 학생, 벗지 그래."

"아저씨, 오늘은 그냥 봐주시면 안 될까요? 제발, 가리게 해주세요."

"한두 번도 아니고? 내가 눈감아줘 봐야 소용없다는 걸, 학생이 더 잘 알잖아."

대학교 정문에서 여학생과 경비원 아저씨 사이에 오고 가는 대화다. 히잡 Hijab, 무슬림 여자들이 쓰는 스카프을 쓴 여학생들은 대학에 출입 금지이기 때문이다. 학교 측 논리는 이렇다. 무슬림 학생들은 종교를 학업에 우선하여 이슬람 휴일인 금요일에는 모스크에 가기 위해 수업을 빠지기 일쑤고, 매일 기도 시간에는 근처에 모스크가 있는데도 굳이 학교 복도에서 기도할 권리를 달라고 한다. 신앙의 자유를 보장하기 시작하면, 세속 학문과 지성의 산실인 학교가 종교 기관으로 탈바꿈할 위험이 있다는 것이다.

1990년대 몇몇 대학교는 '설득의 방'이라는 제도를 운영하기도 했다. 머리 가린 여학생들을 불러 히잡을 벗도록 특별 면담을 하는 곳이었다. 대부분의 학생들은 학교 측 권유를 받아들였는데, 나중에 법적인 문제가 생기지 않도록 면담 과정은 촬영을 했다. 1996년, 대학에 입학했다가 다음 해 학칙이 엄격해져서 히잡을 벗어야 했던 한 여학생은 말한다. "시골에서 올라와 기숙사에 혼자 살면서 마음이 많이 추웠어요. 그런데, 이제는 머리에서 히잡까지 벗어야 하니까 몸까지 춥네요."

미국에서 태어난 한 터키 여학생은 무슬림으로, 머리를 가린 채 수업을 받거나 대학원에 진학을 하는 데 문제가 없었다. 그런데 여름방학 때 터키로 여행을 왔다가 대학 교정에 들어가려다 경비에게 저지를 당했다. 종교적 상징물의 노출을 금하는 프랑스조차도 대학에서는 히잡 착용을 허용하는데, 인구의 98%가 무슬림 신자인 터키에서 무슬림이 차별당한다는 사실이 그 여학생에게는 미스터리였다.

히잡이 무서워

터키가 여자들의 히잡에 알레르기 반응을 보이기 시작한 것은 1923년부터였다. 터키 공화국은 세속주의 통치 이념에 따라 이슬람을 구세대의 유산으로 간주했다. 교사, 법조인, 정치인을 비롯해 국가 공무원, 그리고 국가 공무원들의 아내는 공식 석상에서 무슬림의 상징인 히잡으로 머리를 가릴 수 없다는 규정이 생겨났다. 대학은 80년대까지 이 규정을 유연하게 적용했지만, 1997년부터 공식적으로 히잡 착용을 금지했다.

터키에서는 몇 번이나 쿠데타를 일으켜 나라를 뒤집어 놨던 군부도 움찔하게 만드는 무기가 있으니, 그것이 바로 여자들의 하늘거리는 히잡이다. 머리를 가린 여자가 대학을 비롯한 공공 장소에 나타나기만 하면, 온 나라가 벌집을 쑤신 듯 시끄럽다. 꼬리를 살짝

흔들기만 해도 도시 문명의 근간을 뒤흔드는 전설의 이무기라도 출현한 듯 말이다.
1999년, 한 여자 국회의원이 히잡을 쓰고 국회에 입장했던 사건이 있었다. 특공무술을 비롯해 소화기, 책상, 의자 등 각종 무기가 난무하는 한국 국회가 금메달을 넘겨줄 수준은 아니지만, 아무튼 국회의원들은 삼십 분간이나 아우성을 치는 등 소동이 벌어졌다.
"나가! 나가라구!"
히잡을 쓴 당사자는 꿋꿋하게 자리를 지켰다. 국회의장은 '밥 먹읍시다' 라고 휴정을 선언해 상황을 종료했다. 여자 국회의원은 그 자리로 다시 돌아오지 않았다. 의원직도 상실했다. 사유는 이중국적이었지만, 원인을 제공한 것은 히잡이었다.
2010년 압둘라 귈의 대통령 부인은 터키 공화국 창건일에 머리를 가리고 나타났다. 언론에서는 그 사건을 조용한 '혁명'이라고 평했다. 이슬람의 색깔을 배제하고 세속주의를

확립하려는 공화국 창건일에 히잡이라니….

무슬림 여대생들에게 벗느냐, 마느냐의 문제는 믿음이냐 배움이냐의 선택으로, 그리고 세속주의를 지지하는 국가에 반역이냐 아니냐의 정치 문제로 비화된다. 시키면 하기 싫은 게 사람들 심리다. 자유를 강요하면, 그것은 자유를 빼앗는 독재가 된다. 터키의 신자들은 케말리즘 터키 공화국의 초대 대통령 케말 아타튀르크를 따르는 이데올로기이 강요했던 세속주의를 극복해야 자유 민주주의가 공고해진다고 믿는다.

최근 이슬람 성향의 정부가 실권을 장악한 후, 2008년에는 여대생들에게 히잡 착용을 허용하는 법 개정안이 국회에서 통과되었다. 케말리스트들의 사회적 저항은 거칠었다. 헌법 재판소는 국회의 개정안을 국가의 근간인 세속주의에 거스르는 위헌이라고 결정을 내렸다.

내 몸은 나의 것!

하지만 이제는 다른 세상이 왔다. 무슬림 페미니스트들이 출현한 것이다. 아타튀르크가 터키 공화국을 창건할 때만 하더라도 히잡은 시골에서 교육받지 못한 무슬림들의 상징이었다. 그러나 도시 이주민이 늘어나고, 교육 수준도 향상되면서 무슬림들은 종교적 정체성을 민주주의 국가가 보장할 기초 권리로 주장하기 시작했다. 세속주의의 지지자들은 종교적 영향력의 확대를 우려하며, 소위 무슬림 페미니스트들이 가부장제도 하에서 세뇌되었다고 주장한다. 무슬림 페미니스트들의 생각은 다르다.

남자들의 관심을 끌기 위해 노출하는 여자들은 우리보다 남자에 더 종속적이다. 여성 해방은 자유롭게 노출할 권한을 가지는 것이 아니라 내 몸에 대한 권리를 남자나 국가, 전통이 아닌 내가 가지는 것이다. 그래서 나는 가리기로 결정했다. 그러니, 상관하지 말라.

꿋꿋하게 히잡 착용의 권리를 주장하는 무슬림 페미니스트 여대생들은 학교에서 퇴학이나 정학을 당하기 일쑤였다. 하지만 정치 참여보다 배움을 중시하는 학생들도 있다. 이런 딜레마에 빠져 있는 무슬림 여학생들은 고민 끝에 기억해 냈다. 필요는 발명의 어머니라는 사실을.

그래, 가발이야. 머리에 히잡을 쓰고, 그 위에 다시 가발을 쓰면 돼지.

퇴학당한 동료들에 비해서는 타협적이며, 심지어는 비굴하게 보일 수도 있다. 그래도 학업은 계속할 수 있고, 완전히 히잡을 벗어 신념을 저버리는 것보다는 낫다. 게다가 가발 금지 규정도 없으니, 교칙을 위반하는 것도 아니며, 국가에 반역하는 범법자가 되는 것도 아니다. 누가 꾀를 낸 것인지는 모르지만, 가재 잡고 도랑 치는 해법이었다. 무슬림 여대생들은 이 해법을 애용했다.

그리하여 히잡과 가발 사이에서 이중생활을 하는 여대생들이 생겨났다. 그들은 히잡을 쓰고 집에서 나왔다가 학교 근처 모스크 화장실에 들러 그 위에 가발을 쓰고 학교에 간다. 수업이 끝나면 다시 같은 장소로 돌아와 히잡을 노출한 채 거리를 활보한다.

가발 없는 세상에서 살고 싶어

나는 무슬림 여학생들에게 물어봤다. 왜 히잡을 써야 하냐고.
"코란에 쓰여 있어요. 종교적 의무에요. 여자의 머리칼은 아름다워서 남자의 관심을 끌죠. 머리를 가리면 보호받는다는 느낌이 들어요."
사실 편견을 갖지 않으려 노력을 하지만, 터키 거리는 짐승남에 육식남투성이인 것 같다. 웃는 모습들도 능글거린다. 머릿속에는 야동 생각만 가득해 보이는 인상들이다. 그래서 터키 여자들은 가려야 한다는 이슬람 교리에 의존하지 않을 수 없는 것인가. 그런데 가발의 머릿결이 본래 머리보다 부드럽고 아름다워서 남자들이 유혹당하면 어떻게 되는 거야?
"그러게 말이에요. 가발 없이 히잡만 마음대로 써도 좋은, 자유 사회가 이루어졌으면 좋겠어요."
내 생각에는 아름다운 머리칼을 드러내도 여자들의 안전이 보장되는 사회를 만드는 게 훨씬 더 자유로울 것 같은데, 그 여학생의 견해는 다르다. 아무튼 머리 위에 히잡을 쓰고, 그것을 다시 가발로 가리는 무슬림 여대생이나, 종교적 상징인 히잡을 억지로 벗기고 노출의 자유를 강요하는 국가나 내게는 불가사의다.
현재 터키에서 히잡에 대한 규제는 느슨해지거나 폐지되는 추세다. 터키가 지성과 합리보다 맹목적 종교를 앞세운 이란처럼 되는 것이 아니냐며 우려를 감추지 못하는 사람들이 있는 반면에 무슬림 여대생들은 안도의 한숨을 내쉰다.
히잡과 가발 사이의 이중생활을 드디어 마무리할 수 있기에.

삐끼 고양이

야옹한다. 고로 존재한다.
—Meow, therefor I am(이름없는 고양이)

나는 카라쾨이^{Karakoy, 페라 지구에 있는 선착장} 수산 시장을 자주 찾는다. 4계절 내내 신선한 생선을 구할 수 있을 뿐만 아니라 근처 풍경은 보는 것만으로도 배가 부르다. 시장 건너편으로는 모스크들의 멋진 실루엣이 펼쳐지고, 근처의 갈라타 다리 낚시꾼들이나 선착장으로 드나드는 배들, 터키석 색깔로 빛나는 물은 언제 봐도 생생하다. 시장에서 호객 행위를 하는 상인들의 목소리는 그들이 파는 생선만큼 펄펄 살아 뛰는 듯해서 때로는 남대문에 온 것 같은 느낌도 든다.
"싱싱하고 맛좋은 삼치가 왔어요." "오늘 저녁에는 바삭한 왕멸치 튀김 잡수세요."
"싸게 드려요."

고양이, 생선 가게를 지키다

수산 시장인 만큼 고양이를 빠트릴 수는 없을 것이다. 근처를 어슬렁거리거나, 시장 곁 식당에서 손님들에게 애타는 동정의 눈길을 보내 요기를 하는 고양이들은 흔했다. 하지만, 조금 이상하게 구는 녀석들도 있었다. 이 고양이들은 생선 가판대 위 천막에 상주하면서 갈매기와 장난을 치거나, 따뜻한 햇볕 아래서 꾸벅꾸벅 졸거나, 출렁이는 골든혼의 물살을 하염없이 쳐다보다가 가끔씩 앞발로 생선 장수의 머리를 툭툭 건드리기도 했다. '어라, 천막 위로 올라가 거만하게 행인들을 내려다보는 것도 모자라 사람 머리를 건드

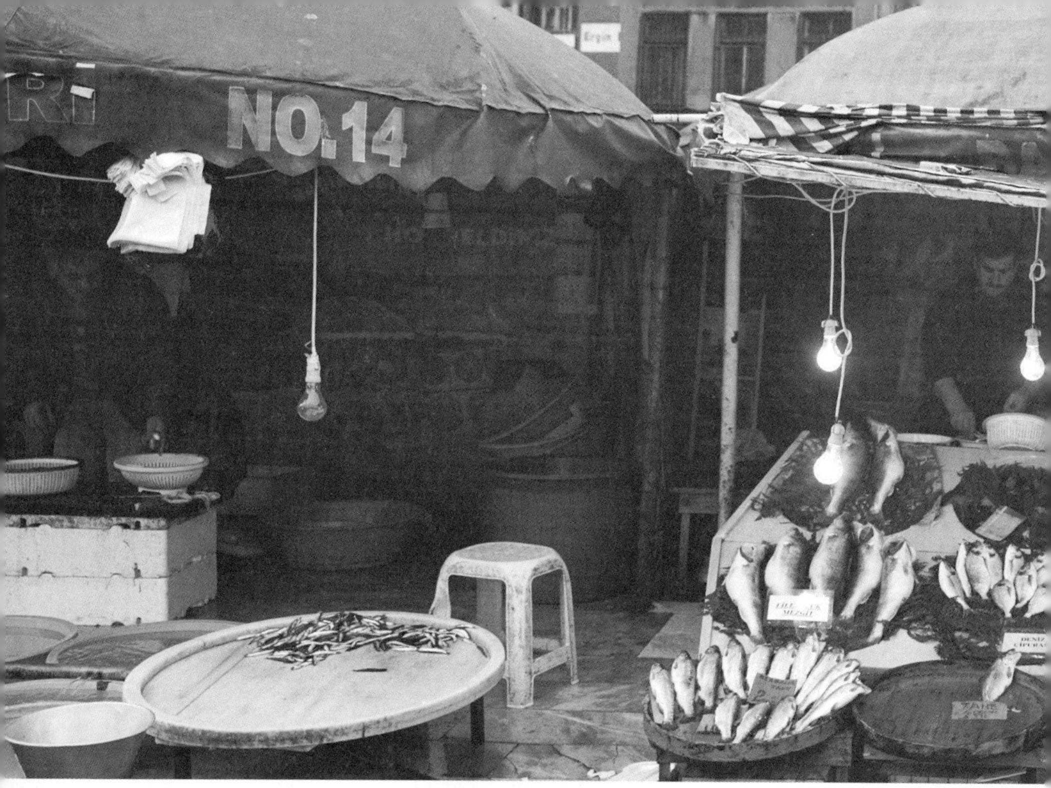
NO.14

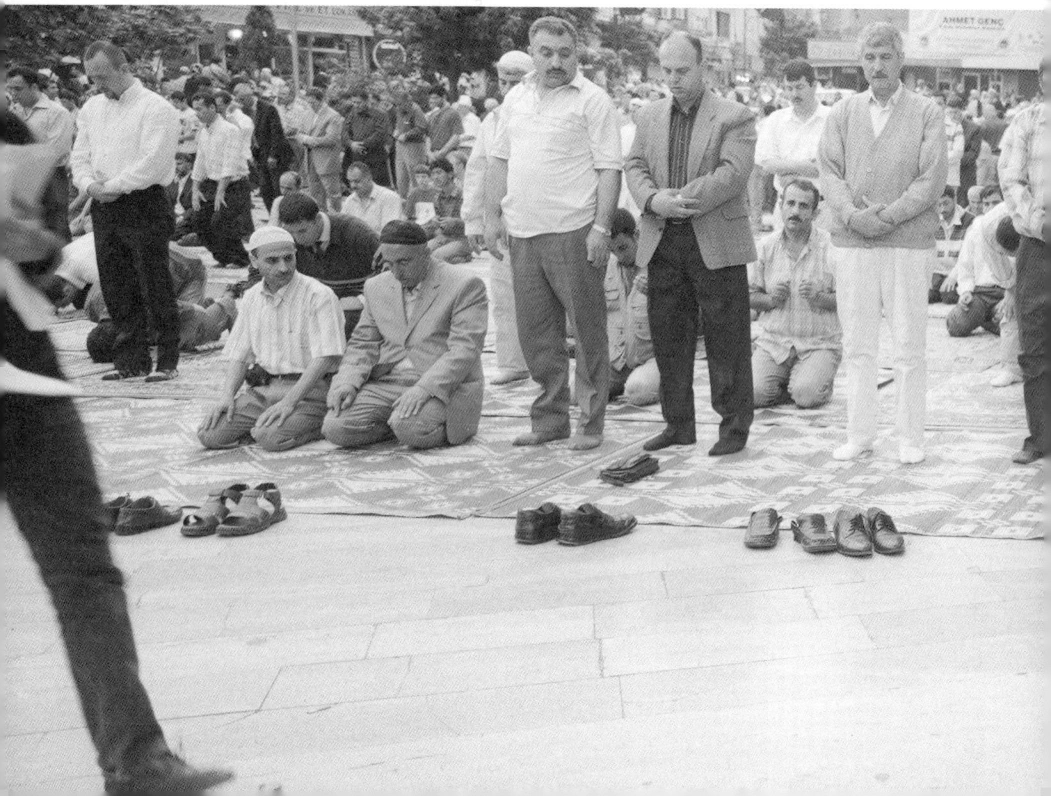

©Arif Asci

리기까지 하다니…'

고양이보다 더 특이한 것은 상인의 반응이다. 고양이로부터 사인을 받은 상인은 허리를 굽혀 가판대에서 작은 생선 한 마리를 집어 고양이 입에 물려준다.

"차고 넘치는 게 생선이니, 배불리 먹거라~."

가게 주인이 알아서 상납을 하다니…! 그럼 고양이가 생선을 훔칠 수 없잖아. 이상하다. 상인은 은행에 침입한 도둑에게 태연하게 돈을 건네주는 직원 같다.

갈라타 탑 근처에는 '랄'이라는 잡화점이 있다. 그 안에는 늘 고양이 한 마리가 몸을 닦거나 바깥을 내다보고 있었다. 처음에는 주인의 고양이인 줄 알았는데, 길거리 소속이란다. 고양이가 랄 가게에 드나든 것은 6년여 전. 그때 고양이는 한 해에 두 번이나 출산을 했고 열 마리의 새끼를 낳았다.

"이 동네, 수고양이들이 워낙 호색한이에요. 호호…."

랄 주인은 40대 중반의 이혼녀다.

"그런데, 이 고양이 건강이 말이 아니었어요. 그래서 중성화 수술을 시켰죠. 더 이상 새끼를 가질 수 없는 건 안 된 일이지만, 그래도 죽게 놔둘 수는 없는 노릇이잖아요."

우리의 정체는?

이스탄불의 상점 앞에는 흔히 고양이 사료와 물그릇이 놓여 있었다. 나는 이스탄불에서 고양이와 인간이 맺는 함수 관계가 궁금했다. 사람들은 왜 무위도식하는 길 고양이에게 밥을 챙겨주는 것일까? 왜 생선 장수는 고양이로부터 자신의 귀중한 생선을 지키지 않는 것일까? '랄' 주인은 왜 길 고양이 한 마리가 지나친 섹스와 출산으로 건강을 해칠지도 모른다고 생각하면서 중성화 수술비용 수십만 원을 댄 것일까?

얼마 전에는 한 대학 강사를 만났다. 여기 저기 시간 강의를 하고, 잡지에 글을 쓰며 살아가는 노처녀인데, 월급이 얼마나 되는지는 모르겠지만 월세와 생활비를 제한 나머지는 모두 길거리의 고양이와 개들을 돌봐주는 데 쓴다고 한다.

난 몇 년 동안 이 화두를 물고 늘어진 결과 해답의 실마리를 찾았다. 길 고양이들이 무위도식한다고 생각했던 것은 착각이었다.

'랄' 가게의 고양이인 사르의 경우를 보자. 지나가는 행인들은 쇼윈도 안쪽에서 생뚱맞게도 고양이를 발견한다. 그들은 대개 '어머, 예쁜 고양이네.' 라고 탄성을 지르며, 디카를 꺼내 한참 동안 사진을 찍는다. 사르는 무관심한 척하면서 계속 자기 몸을 치장하는 데 열중하거나 카메라 렌즈를 또렷이 쳐다본다. 그러면 찍사들은 고양이를 만져 보기 위해 가게 안으로 들어온다. 그러고는 이런, 저런 물건들에도 눈길을 돌리고, 한두 개 구입하기도 한다. 사르의 정체가 여기서 밝혀진다. 사르는 고객을 유인하는 삐끼인 것이다.

인간 삐끼들은 대개 손님들의 소매 끝을 잡아당기며 가게로 안내하고, 터키 차를 권하면서 고객의 마음을 녹인 다음, 지갑을 공략한다. 고양이 삐끼들은 한결 세련된 상술을 쓴다. 그들은 고객들이 스스로 알아서 가게 안으로 들어오도록 호기심을 불러일으킨다. 몸을 닦는다든지, 꼬리를 잡고 장난을 친다든지, 사람들을 빤히 쳐다본다든지, 웅크리고 잠만 자는 삐끼들도 있지만, 그 역시도 호객 행위의 일종이다. '고양이가 태연하게 잘 수 있도록 배려하다니, 주인은 좋은 사람일 거야.' 라고 마음먹게 하는 고도의 책략이다.

삐끼, 야바위꾼, 그리고 문화 홍보대사

삐끼 고양이들의 진출 영역은 다양했다. 금방, 옷가게, 스타킹 가게, 속옷 가게, 약국, 기념품 상점, 식당, 정육점, 음반, 서점 등. 수산 시장의 천막 위에 사는 고양이도 사실은 행인들의 관심을 끄는 삐끼 내지는 야바위꾼이었다.

매상을 올리는 대가로 고양이 삐끼들은 사료와 물이라는 월급을 받았다. '랄' 주인이 사르의 수술비용을 치른 것도 직원에 대한 의료보험 혜택으로 볼 수 있다. 물론 아무리 대우가 좋더라도 이런 삐끼 고양이들은 거의 대부분이 임시직이며, 구두 계약인 만큼 문서는 따로 존재하지 않는다. 채용 시 면접은 대부분 생략한다. 그래서 무책임하게 고양이 월급인 키티캣만 챙기고 싸움질이나 오입질에 정신이 팔리거나 어린 암고양이 뒤꽁무

니만 좇아다니는 페도필^{유아성욕} 고양이들도 존재한다. 반면, 비정규직이라는 이유로 고양이의 처우 개선에 신경 쓰지 않고, 쥐꼬리만한 월급을 연체하는 비양심적 인간들도 있어 고양이들은 떼로 몰려다니며 시위를 벌이기도 한다.

아무튼 삐끼 고양이들은 이스탄불의 경제 지표를 끌어올리기 위해 노력을 게을리 하지 않는다. 그들의 활약상은 문화계, 종교계에서도 목격할 수 있다. 이스탄불 곳곳의 문화 유적지에서는 많은 고양이들이 불철주야 문화유산 지킴이로, 그리고 홍보대사로 일한다. 톱카프 궁전, 런던탑과도 비교할 수 있는 예디쿨레^{Yedikule}, 선지자 모하메트의 오른팔이었던 에윱의 이름을 딴 에윱^{Eyup} 묘지 등등.

가장 유명한 문화재 지킴이는 톱카프 궁전 옆에 있는 성 이레네^{St. Irene} 교회의 고양이들이

다. 성 이레네 교회는 콘서트 행사 때에만 대중에게 공개하는 비잔틴 시대의 유적이다. 고양이들은 특별한 계약이 없더라도 공연 중간에 깜짝 게스트로 출현해, 무대의 한쪽 끝에서 다른 쪽 끝으로 달려간다. 고양이 덕분에 관객들은 음악이 비극적일지라도 잠시 우울한 기분을 접고, 기쁨을 만끽할 뿐 아니라 오래도록 그 콘서트를 기억할 수 있게 된다.

종교계에서 고양이들의 역할은 남다르다. 모스크는 고양이가 대가족을 이루며 평생 피크닉을 즐기는 고양이 천국이다. 고양이가 잔디밭에 쭉 늘어져 새들과 장난을 치는 모습을 보면 일반인들은 이렇게 반응한다.

"팔자가 늘어졌구먼."

그것이 바로 포인트다. 열심히 기도하고, 선량하게, 신심을 지키며 산다면, 당신들도 천국에 가서 고양이들처럼 행복하게 살 것이라는 메시지인 것이다. 종교계 삐끼 가운데에는 정통 이슬람의 맥을 잇기보다 신비주의를 따르는 메블레비^{Mevlevi} 교단의 수피 고양이들도 존재한다. 그들은 교단 건물 앞에 앉아 신비주의자답게 의젓하고 비밀스러운 눈초리로 생의 아름다움과 기쁨을 증거한다.

마녀는 고양이에게 젖을 물린다?

한국과 터키는 비슷한 면이 꽤 많다. 그러나 고양이에 관해서는 명암이 엇갈린다. 한국에서 길 고양이들은 비호감 그 자체다.

고양이들은 주로 "야생 고양이 떼 때문에 끙끙 앓는 주민들", "야생 고양이 포획 대작전 실시" 같은 제목으로 언론에 등장한다. 옛날이라고 다르지는 않았다. 조선시대 풍속도 중에 김득신의 '파적도'라는 작품이 있다. 고양이는 병아리를 훔치고, 어미 닭은 자식을 빼앗겨 놀란 마음에 고양이를 추격한다. 남은 병아리들은 심장마비를 일으켜 졸도를 하고, 담배를 피우며 한적한 시간을 즐기던 영감님은 담뱃대를 쥔 채 고양이를 쫓으며, 마나님은 갑작스레 균형을 잃은 남편을 붙잡으려 한다. 고양이의 범죄를 몰카로 찍은 듯 생생하게 묘사한 그림이다.

고양이는 쥐를 잡기 때문에 농경민족에게는 꼭 필요한 존재였지만, 이 그림으로도 알 수 있듯, 한국의 길 고양이들은 도둑으로 취급되는 경향이 있다. 파적도에서처럼 실제 절도 행각을 벌였다면, 고양이들도 할 말이 없을 것이다. 하지만 선량한 고양이들조차 근거 없는 연좌제 때문에 도둑으로 몰린다면 억울하지 않을까?

게다가 낯선 고양이가 집에 들어오면 가문이 몰락한다고 믿기도 했다. 고양이가 나타난다는 것은 쥐가 많다는 뜻인데 쥐들은 집과 식량을 갉아먹는 존재이니, 온 집안이 망한다는 것이었다.

서양에서도 고양이에 대한 평은 긍정적이지 않은 경우가 많다. 다신론을 숭배하던 시대에는 고양이가 신격화되었지만, 유일신 종교로 인하여 그 위상은 추락, 사람들은 급기야 고양이가 마녀와 결탁했다고 믿었다. 마녀가 고양이에게 자기 피를 먹인다는 둥, 두 가슴 사이에 고양이를 위한 젖이 있다는 둥 근거 없는 낭설이 퍼지면서 고양이는 산 채로 화형을 당했다. 그로 인해 쥐들이 많아져 유럽은 흑사병의 도가니에 휩싸였고, 수천, 수억만 명의 인명 손실을 낳았다. 억울한 죽음에 대한 고양이의 복수일까.

흑사병이 고양이가 앙심을 품은 결과든, 아니든 고양이는 영적 세계와 관련이 있다고들 여겼다. 애드가 앨런 포우의 작품만 봐도 검은 고양이는 불길한 징조의 상징이고, 섬뜩한 동물이다. 한국에서는 귀신에 놀란 병에는 굿도 효험이 없고, 만 가지 약도 쓸 데 없으며, 오로지 고양이 삶은 즙만 효능이 있다는 민간요법이 전해진다.

또 예전에는 집에 도둑이 들었을 때 고양이를 잡아다가 시루 속에 넣어 찌면서 도둑의 눈이 멀고 손발이 오그라들게 해달라고 주문을 외우면, 그 저주가 이루어졌다고 생각했단다. 정말 고양이들 손발이 쫙 오그라들 것만 같은 얘기다. 한국의 개들이 주로 몸보신을 위해 희생되었다면, 고양이는 귀신, 악마, 유령 등 보이지 않는 세계를 정화하기 위해 제물로 바쳐졌다.

한국이나 중국, 중세의 기독교 사회와 달리 무슬림 사회는 고양이를 대개 좋은 의미의 영물로 여긴다. 무슬림들은 고양이를 해코지하면 모스크를 일곱 채 지어야 그 죄를 씻을 수 있다고 믿는다. 바그다드의 어떤 신비주의자는 뒷골목에서 떨고 있던 고양이를 옷 속에 넣어 따뜻하게 해 주어 죽은 후 죄 사함을 받았다고 한다. 선지자 모하메트도 고양이 애호가였다. 그가 기도를 드리던 중, 고양이가 그의 옷자락 위에 와서 잠을 잤는데, 고양이를 깨우지 않기 위해 모하메트는 자기 옷을 잘랐다고 한다.

터키에서는 검은 고양이가 두 사람 사이를 지나가면 우정에 금이 간다는 미신도 있지만, 대체로는 다른 이슬람 국가들과 마찬가지로 고양이에게 우호적인 편이다. 또한 현대 사회 대다수의 이스탄불 시민들은 고양이들이 실물 경제에서 담당하는 역할이 남다르다

는 것을 인식하고 있다. 사실 고양이들의 활약상에 비한다면, 숙식 제공의 조건은 저임금에 가깝다. 그렇다면 이스탄불 사람들은 어떻게 각 분야에서 저렴한 비용으로 박지성 못지않은 고양이 멀티 플레이어를 고용할 수 있는 것일까?

이스탄불의 1001번째 이름

고양이들은 인간과 마찬가지로 아프리카 대륙 출신인데, 주거지가 전 세계로 확장된 것은 해상 무역이 활발해진 이후였다. 선원들에게 쥐는 풍랑과 마찬가지로 최대의 적이었다. 식량과 목조 선박을 갉아 먹어 난파를 유도할 수도 있기 때문이다.
따라서 선원들은 고양이를 환영했다. 고양이는 바다에 지천으로 깔린 싱싱한 활어회 한 접시면 쥐들과의 전쟁을 불사했다. 또 균형 감각이 뛰어나 멀미를 하는 일도 없었다. 님도 보고 뽕도 따자는 심정으로, 쥐를 잡으면서 로맨틱한 크루즈를 즐겼던 고양이들은 2세를 생산해 내기도 했다.
바다 위에서 태어난 새끼 고양이들은 항해를 계속 하거나 항구 도시에서 새 인생, 아니 묘생을 펼쳐나갔다. 또 선원 고양이들은 배가 정박한 후, 항구에서 새 짝을 만나 사랑을 나누기도 했고, 그 도시에 자신들의 후손을 남겼다. 그때 항구 도시에 남은 암고양이들이 '남자는 배, 여자는 항구'라는 노래를 불렀다는 전설이 회자된다.
하여, 항구 도시는 다른 내륙 도시들에 비하여 고양이들의 숫자뿐만 아니라 종도 다양하다. 페르시아, 이집트, 러시아 등 여러 나라의 고양이들이 항해를 하다 이스탄불에 정박해 사랑을 했고, 번성했다. 역사적으로 중요한 항구 도시였던 이스탄불에 고양이가 지천으로 깔려있는데다가 민족 구성도 다채로운 이유다.

이스탄불은 천 개의 이름을 가진 도시로 알려져 있다. 누가 도시의 주인인가에 따라서, 그리고 누가 부르느냐에 따라 다른 명칭이 존재한다고 한다. 비잔틴, 콘스탄티노플, 아우구스타 안토니나, 짜리그라드, 미클라가로르, 카이세리제민, 쿠쉬탄디나 라바티….

한 무명의 역사가가 기록한 필사본에는 '펠리노폴리스'라는 이름이 전해진다고 한다. 펠리노폴리스Felinopolis는 고양이를 뜻하는 펠린, 그리고 도시를 뜻하는 폴리스를 합쳐 만든 합성어로써, 고양이 도시를 의미한다. 이 도시의 흥망성쇠를 지켜보았던 역사의 증인이자 인간과 더불어 도시의 삶에 싱싱한 수액을 공급했던 고양이들에게 헌정한 이름이다. 그러나 이 필사본의 존재를 직접 확인한 사람은 아무도 없다. 이스탄불에는 펠리노폴리스라는 1001번째 이름이 진짜 있었을까? 고양이들의 활약상을 목격한 도시의 방문자들은 대답해줄 수 있을 것이다.

내 심장 속의 축구공

어느 날 밤, 이상한 생각이 떠올랐어.
삶의 초반은 다른 사람이 되고 싶어 나 자신이 되지 못했고,
중반은 나 자신이 되지 못한 그 세월을 후회하며
또 자기 자신이 아닌 사람으로 보낼 거라는 생각이었지.
-오르한 파묵, 검은 책

사진가인 셀림은 이스탄불의 축구 클럽 베쉭타쉬^{Besiktas} 팀의 팬이다. 그것도 대단히 열성적인 지지자다. 나는 축구에 관심이 없기 때문에 그의 축구 사랑을 짐작만 할 뿐이다. 나는 그가 왜 그렇게 베쉭타쉬를 좋아하느냐고 물었는데, 셀림의 대답은 간단했다.
"나는 베쉭타쉬 팀으로 태어났거든."

모태 신앙

셀림이 태어나던 날, 그의 아버지는 베쉭타쉬 팬클럽의 티셔츠를 선물했다. 셀림은 아장아장 걸음마를 하면서부터 골목으로 나가 동네 어린이들이 축구하는 모습을 구경하기 시작했다. 조금 더 커서는 아버지와 함께 축구장을 다녔다. 셀림에게 축구란 개인이 성장하면서 습득하고, 선택하며, 시간이 날 때 즐기다가 식상해지면 바꿀 수 있는 취미 차원의 대상이 아니었다. 베쉭타쉬 팬클럽 회원이라는 지위는 모태 신앙이었고, 아버지에게 대물림 받은 그의 정체성이기도 했다. 그러니까 베쉭타쉬 팀의 사랑은 자기 자신을 사랑하는, 존재론적 차원의 문제였다.
"혹시, 친한 친구가 다른 팀을 좋아하면 어떻게 돼?"
터키 축구에 관한 한 셀림은 나의 위키피디아였다.
"우정을 위해서는 축구를 화제에 올리지 말아야지."

"여친이 다른 축구팀 팬클럽이라면?"
"터키에는 여자 팬들이 거의 없어. 나라면 안 사귈 거야. 축구장 가 봐. 온통 욕지거리에, 짐승남들투성이인데, 여자가 낄 자리가 못 되지."
"그럼 여친의 아버지, 오빠, 남동생 등이 다른 팀 팬이라면?"
"별로 바람직하지 않은 케이스라고 봐. 장인과 같이 축구 경기를 보는 중에 우리 팀이 이긴다면, 장인은 온갖 험한 소리 해댈 거 아냐. 그렇다고 내가 장인어른한테 함부로 굴 수도 없고…. 그래서 얼굴 붉히는 일이 없도록 축구 얘기를 안 한다고 쳐 봐. 터키 남자들이 모여 있는데 축구를 빼면 대화가 궁색해지지. 가족들이 입 다물고 멀뚱멀뚱 앉아 있으면, 그 자리가 즐거울 리가 없고, 자주 만나고 싶지도 않을 거야. 다시 결혼한다면 여자 집안이 어떤 팀의 팬인지 물어 볼 거야."
"그럼, 여친보다 축구가 더 중요하다고 생각해?"
"솔직히 말해서, 축구만큼 나를 기쁘게 하고, 설레게 하고, 내일을 기다리게 하는 게 없어. 난 여친이 이런 나를 이해해주고, 나와 함께 축구를 즐겼으면 좋겠어."

이스탄불의 3대 축구 클럽

이스탄불의 3대 클럽 축구팀은 베쉭타쉬Besiktas, 페네르바체Fenerbahce, 갈라타사라이Galatasaray다. 베쉭타쉬는 1903년, 갈라타사라이는 1905년, 그리고 페네르바체는 1907년에 창단되어 모두 100년 이상의 역사를 자랑한다.

베쉭타쉬는 동명의 지역을 기반으로 하는 팀이며, 팬클럽의 거의 대부분이 이 지역 출신이다. 서울과 비교를 하자면 베쉭타쉬는 동대문 분위기가 많이 난다. 베쉭타쉬 팀의 팬클럽 이름도 시장이란 뜻의 차르쉬이다. 팬들이 술집, 생선 시장, 옷가게 등이 몰려 있는 베쉭타쉬 시장에 자주 모여서 이런 이름이 붙었다고 한다. 그래서 그런지 팬클럽은 프롤레타리아 성향이 강하다.

갈라타사라이 팀은 페라 지역에 위치한 학교 축구팀으로 탄생했다. 이 학교는 정치인,

대통령, 외교관 등을 다수 배출한 명문으로, 팀의 팬클럽 회원들도 상류 계급 출신이 많다고 한다.

이스탄불의 또 다른 강호 페네르바체는 이스탄불의 아시아 지구인 카드쾨이에 위치해 있다. 카드쾨이는 서울 외곽의 부촌, 분당을 연상시킨다. 그래서 갈라타사라이와 베쉭타쉬 팬클럽들은 페테르바체가 부르주아 자본가 냄새를 풍긴다고 비꼬기도 한다.

셀림은 이 세 팀을 스페인 축구와 곧잘 비교했다. 갈라타사라이는 FC 바르셀로나, 페네르바체는 레알 마드리드, 베쉭타쉬는 아틀레틱 빌바오 팀과 비슷하다고…. 그러나 페네르바체 팀의 열혈 팬인 나임의 의견은 달랐다.

"페네르바체는 페네르바체지. 어느 팀이랑 비교를 할 수 있겠어?"

인생에서 스스로 선택할 수 있는 것

나임은 셀림과 알고 지내기는 하지만, 서로 다른 팬클럽이라서 별로 친해 보이지는 않는다. 그는 사업가로 이스탄불에서 압구정동쯤에 해당할 니샨타쉬Nisantasi에 산다. 이 지역 사람들은 대부분 갈라타사라이 팀을 지지한다. 하지만 나임은 페테르바체 팬이다. 부산에서 롯데가 아닌 해태 팀을 응원하는 팬처럼 드문 부류였다. 이유가 궁금했다.

"나는 터키에서 태어난 유태인이야. 민족, 성별, 외모, 가족, 학교, 국가… 내가 선택한 건 아무것도 없었어. 인생에서 스스로 선택할 수 있는 게 뭐가 있는지 보니까, 축구더라구. 집안은 갈라타사라이 팀을 응원했지만 난 페네르바체를 골랐지. 나는 나니까."

"부모님들은 어떻게 생각하셔?"

"고등학교 2학년 때, 중요한 시합이 있어서 오후에 몰래 도망을 갔어. 전반전이 끝날 무렵이었는데, 우리 팀이 4:0으로 지고 있는 거야. 학교 선생님들은 며칠 전부터 으름장을 놓고 있었지. 수업 빠지는 놈들은 모두 퇴학이라고. 중요한 시합이란 걸 알고 있었거든. 그런데 위험 부담을 안고 갔던 시합이 완전 꽝이었으니, 새 된 기분이었어. 하지만 후반전에서는 상황이 역전됐어. 모두 다섯 골을 넣어 우리 팀이 극적으로 승리를 한 거야. 그날 시합을 머릿속으로 떠올리면 지금도 전율이 느껴져."

"학교는 어떻게 됐어?"

"당근, 잘렸지. 사실 내가 상습범이었어. 퇴학당한 후 아버지가 나를 영국으로 보내 버렸는데, 2년 후에는 다시 옛날 학교에 재입학을 시켰지. 암튼 축구와 아들 사이에서 우리 부모님들은 자식을 선택하셨어. 그래서 부모님은 페네르바체가 이기기를 바라셔. 안 그러면 아들의 정신 건강이 무너지니까."

셀림은 나임이 꽤 드문 케이스라고 말한다. 터키가 역동적으로 변하고는 있으나 아직도 대부분의 젊은 층이 기나긴 라마단 휴가 때 외국 여행을 가야할지, 고향으로 내려갈지 고민하다가 결국은 가족을 택하는데, 나임은 꿋꿋하게 자신의 선택을 밀어붙이기 때문이다.

"올해 페네르바체 성적은 어때?"

나는 이번 시즌에 이스탄불 팀들이 모두 죽 쑤고 있다는 정보를 들어 살짝 염장을 질러볼 생각으로 물었다.

"페네르바체가 승리할 가능성이 아주 짙어. 지금 2점 차로 트라브존 팀이 앞서가고 있지만, 금방 따라잡을 거야."

"갈라타사라이 팀은?"

"헤매고 있지. 현재 6위야. 뭐, 새로울 것도 없어."

"베쉭타쉬는 어때?"

"거긴 갈라타보다 훨씬 못해. 늘 그렇듯이."

"셀림은 갈라타랑 페네르가 붙으면 베쉭타쉬 팀에 유리한 쪽을 지지한다는데, 나임은 혹시 선호하는 팀이 있어?"

"박쥐 같은 놈들. 우린 지조가 있어."

"그럼 갈라타사라이나 베쉭타쉬가 바르셀로나라든가, 맨체스터 유나이티드랑 경기를 하면?"

"당연히 외국 팀이야."
"어떻게? 갈라타는 그래도 터키 팀이잖아."
"갈라타 팀이 이겨 봐. 의기양양해서 건방이 하늘을 찌를 텐데, 그 꼴을 어떻게 봐줘? 클럽 축구는 클럽끼리 붙는 거니까, 국가를 개입시킬 필요는 없다고 생각해."

나는 그가 왜 그렇게 베쉭타쉬를 좋아하느냐고 물었다.
셀림의 대답은 간단했다.
"나는 베쉭타쉬 팀으로 태어났거든."

우리의 종교는 축구

사실, 작년에 비슷한 광경을 목격한 적이 있었다. 트라브존과 리버풀의 게임이었는데, 이스탄불 축구 클럽 팬들은 리버풀을 응원했다. 그렇지않아도 터키 리그에서 트라브존이 승승장구를 해 속이 상한 마당에 리버풀을 이기기라도 하면 심적 고통이 심하다는 것이다.
"그럼, 월드컵이나 올림픽은?"
"터키 팀을 응원하긴 해. 하지만 이 팀 저 팀 다 섞여 있으니 우리 클럽이 뛸 때처럼 흥분되진 않아."
"히딩크에 대해서는 어떻게 생각해?"
"훌륭한 코치지만… 뭐, 국가대표팀은 어쨌든 관심 밖이야."
"한국에서는 히딩크에 대한 사랑이 거의 신앙 수준이었지. 종교 얘기가 나와서 말인데, 무슬림들도 축구장에 와?"
"축구팬들의 종교는 오로지 하나, 축구뿐이야."
"그럼, 무슬림 팬들도 술을 마셔?"
"축구를 좋아하기 시작하면 술은 자동이야. 경기 시작 전에 술을 하도 마셔서 골이 들어갔는지, 안 들어갔는지 헤롱헤롱 하는 사람도 많아."
"나임처럼 예술을 사랑하는 축구팬도 있어?"
"그 부분은 사실 축구광들이 모자란 측면이지. 축구를 빼고는 눈에 뵈는 게 없다니까."
"마지막 질문인데, 페네르바체 팀의 경기가 잘 안 풀리면 어떤 느낌이 들어? 남미 팬들처럼 잘못 뛴 선수들한테 손을 봐주고 싶은 생각이 들기도 해?"
"일주일 내내 골치가 아프고 일이 손에 안 잡혀. 스트레스를 많이 받아. 자식이 시험에 떨어져 속이 터지는 기분이야. 하지만 어쩌겠어. 내 자식이잖아. 선택의 여지가 없어. 난 페네르바체 팀이 그래도 좋아."

트랜스포머

'우리는 세계에 대해서 무엇을 아는가?'
'별로 없다.'
- 뮈리엘 바르베리, 고슴도치의 우아함

2010년 8월, 흑해에서 가장 크고 역사가 깊은 도시 트라브존에서였다. 해안 도시에는 바다의 전망이 근사한 카페, 레스토랑, 호텔 등이 있게 마련이지만, 트라브존의 바닷가는 황량했다. 사람들이 접근하기 어려운 항구를 제외하고는 특별한 볼거리가 없었다. 바닷가에서 그나마 인적이 있는 곳은 야채 도매시장이었다. 시장 안도 썰렁했다. 대신 시장 곁 모스크는 설교를 듣는 인파로 북적거렸다. 딱히 재미있는 구경거리를 찾지 못해 시장을 빠져나왔다.

출구 쪽에는 화장실이 있었다. 떡 본 김에 제사나 볼까 해서 들어가려는 참에 남자 한 명이 화장실에서 툭 튀어나왔다. 잘못 들어온 게 아닌가 싶어 확인해 봤지만 여자 화장실이 맞았다. 혹시 변태 아냐? 밖을 둘러봤다. 남자는 벌써 사라지고 없었다. 다시 화장실 안으로 들어갔는데, 연기가 자욱했다. 담배연기였다.

금요일이었고, 라마단^{Ramadan}이었다. 동트기 전부터 해가 질 때까지 음식을 입에 대서는 안 되고, 침도 삼켜서는 안 되며, 성관계도 금하는 금욕의 시간. 담배도 피울 수 없다. 이슬람 국가들 가운데에는 라마단 기간 동안 공공장소에서의 식음 행위를 법으로 금지하는 곳도 있다. 2009년 이집트에서는 이프타르^{Iftar, 라마단 때 해진 후 먹는 저녁 식사}가 시작되기 전 음식을 먹은 경범죄로 150여 명이 체포되었다. 그 중에는 비무슬림 신자도 끼어 있었다. 이란에서는 금식을 지키지 않은 축구선수를 팀에서 축출한 일도 있었다.

그러나 터키는 라마단이라 해서 특별히 법의 제재를 가하지는 않았다. 이스탄불의 식당

과 술집과 카페는 여느 때와 다름없는 환락의 메카였다.

흑해의 라마단 풍경

흑해는 다른 세상이었다. 길거리에서 물이라도 마실라치면 사람들은 나를 뚫어지게 쳐다봤다. 금식자들의 연대를 해치는 공공의 적인 양. 가장 보수적인 곳은 리제^{Rize, 흑해의 차 생산지}였다. 시내의 찻집이나 식당 등은 모두 문을 닫았다.

트라브존 시내의 맥도날드에는 식사 장면이 노출되지 않는 2층만 사람들이 와글거렸다. 어떤 식당이나 카페는 영업 중이었지만 커튼이나 포장지 같은 것으로 외부를 가렸다. 드나드는 사람들의 신원을 보장하기 위해 색색의 국수 가락들로 장식하는 한국의 러브모텔들 같기도 했다.

문을 연 식당을 찾지 못한 도시에서는 슈퍼에서(그마저도 열려 있다면 다행이다) 음식을 사서 호텔방로 돌아와 허기를 면했다. 이미 체크아웃을 한 경우에는 호텔 로비 안쪽 구석으로 가서 식사를 했다. 대낮에 숨어서 밥을 먹는다는 사실만으로 나는 죄인이 된 느낌이었다.

흑해는 수천 년 전부터 그리스 신화의 배경이었다. 황금 양털을 찾기 위해 이아손이 아르고 호를 타고 지나갔고, 메데아가 그와 눈이 맞았던 땅이기도 했다. 기원 후, 흑해의 그리스인들은 기독교를 받아들였다. 신앙심 깊은 기독교인들은 수백 미터 절벽 위에 수멜라 수도원^{Sumela monastery}을 지었다. 15세기, 기독교 세계의 중심이었던 콘스탄티노플이 투르크에 넘어간 후에도 흑해는 완강하게 저항했고, 7년이 지난 다음에야 오토만 제국으로 편입되었다. 그러나 이제 흑해는 터키에서도 가장 보수적인 무슬림들의 땅이 되었고, 비무슬림 신자들에게 가장 불관용적인 공간이 되었다.

라마단 기간 동안, 나이가 지긋한 아저씨들은 노상 모이던 카페 근처에서 먼 데를 쳐다보며 시간을 보냈는데, 금식은 주요 화제의 하나였다. 인터넷에도 금식에 관한 질의응답이 쏟아졌다.

라마단이란 말은 본래 '땡볕이 마르는 땅'이라는 뜻이 있다고 한다.
뜨거운 햇볕 아래서 물 한 모금 대지 못해
육신이 바짝 말라가는 금식의 고통을 빗대어 라마단이라 칭한다고….

Q : 해뜨기 전 먹었던 음식이 이빨에 끼었는데, 해가 뜬 이후 목구멍으로 넘어가면 금식이 무효가 되나요?

A : 그렇습니다. 뱉어내야 합니다.

Q : 몸에 이득이 되지 않는 이물질, 예를 들어 진주 같은 것을 삼키면 어떻게 됩니까?

A : 그날 단식은 도로나무아미타불입니다.

Q : 치약은 어떻습니까?

A : 물론 안 됩니다. 치약은 자극성이 강해서 목구멍으로 넘어가기 쉬우니 사용하지 않기를 권합니다.

Q : 치과치료를 하다가 목구멍으로 약이나 물이 넘어가는 경우에는요?

A : 의도하지 않은 것이라면 금식으로 쳐줍니다.

Q : 금식을 할 수 없는 상황이라 다른 사람에게 돈을 주고 금식을 시키려 합니다. 그런데 그 사람 역시 금식을 할 수 없다면 어떻게 됩니까?

A : 두 번째 사람이 제3자에게 돈을 주고 첫 번째 사람을 위해서 금식을 시킬 수는 있지만 원래 받은 금액보다 적어서는 안 됩니다.

라마단이란 말은 본래 '땡볕에 마르는 땅'이라는 뜻이 있다고 한다. 뜨거운 햇볕 아래서 물 한 모금 대지 못해 육신이 바짝 말라가는 금식의 고통을 빗대어 라마단이라 칭한다고….

아저씨들은 열변을 토하다가 자신도 모르게 침이라도 삼켜 애써 지켜온 단식이 무효가 되지 않을까 조심하면서 말을 이어나갔다. 금식에 관한 사항들은 보험 약관 같았다. 제대로 금식을 하면 과거에 지은 죄를 보상받기도 하고, 죽은 다음에는 천국이라는 '보험금'을 탈 수 있다. 반면 조항들을 어길 경우에는 그 동안 닦은 공이 말짱 도루묵이 되는 것이다.

흑해에서 돌아오는 길에 트라브존 바닷가 시장의 화장실 사건을 떠올렸다. 만약 길거리에서 담배를 피웠다면 그 남자는 믿음이 약한 인간으로 손가락질을 받아 왕따가 되었을 것이다. 모두들 천국에 가려고 금욕을 선택한 이 현실에서 남자 흡연자의 천국은 텅 빈 여자 화장실이었다.

케말리즘의 마술봉

검은 바다, 흑해의 건너편에는 완전히 다른 풍경이 펼쳐졌다. 에게 해의 아이발륵에서였다. 시내에서 친구를 만나 차를 한잔 하고 저녁을 먹으러 가는 길이었다. 행인들이 갑자기 멈춰 섰다. 자동차도 움직이지 않았다. 나는 주위를 둘러보았다. 조용한 가운데 터키 국가가 울려 퍼졌다. 광장 한가운데 아타튀르크 동상 앞에서 수십 명의 군인들이 가슴에 손을 얹고 서 있었다. 국기 하강식이었다.

타임머신을 타고 이십 년쯤 전 한국으로 돌아간 느낌이었다. 매일 오후 5시, 하늘을 우러러 국기를 잡아당기는 군인을 제외하고는 전 국민이 마술봉이라도 맞은 듯 하던 일을 멈추고 그 자리에 서야 했던 적이 있었다.

"여름에 차를 몰고 애를 섬으로 데려갔다가 집으로 오는 중이었거든요."

이제 막 한 살배기 딸을 가진 친구의 말이었다.

"갑자기 차들이 멈춰 서는 거예요. 나는 경적을 울렸죠. 빨간 불도 아닌데 왜들 서고 난리야. 그런데, 주위를 둘러보니 사람들이 모두 서 있는 거예요. 몇 분쯤 후에 차가 움직이기 시작했는데, 글쎄, 내 앞뒤, 양옆 차들의 운전사는 나를 향해 경적을 울리고, 손가락질을 해대는 거예요. 집으로 돌아와 곰곰이 생각해 보니 금요일, 국기 하강식이더라구요."

아이발륵은 금요일 오후 다섯 시마다 케말리즘의 마술봉을 맞는다. 도시의 시간은 멈춘다. 애국주의의 상징에 경배를 올리는 시간이다.

올해 나이가 서른인 사메트는 초등학교 3학년 때 겪은 경험을 얘기해 주었다. 터키에도

한국처럼 애국 조회가 있었다. 운동장에 전교생이 모였다. 터키 애국가가 흘러나오며 국기가 올라갔다. 그런데 사메트는 갑자기 속이 거북해졌다. 학교에 지각하지 않으려고 찬 우유를 급하게 마신 게 탈이 난 모양이었다. 국기가 올라가기도 전에 사메트는 웩웩 소리를 내며 우유를 모두 토해냈다.

그런데 사메트가 서 있던 자리는 마침 국기 게양대 앞이었다. 친구들은 구토를 하는 사메트를 보면서 깔깔 웃어댔다. 하지만 희극은 잠시뿐이었다. 선생님들은 엄한 눈으로 학생들을 바라보았다. 분위기는 싸늘해졌다. 교장 선생님은 학생들에게 국기가 올라가고 애국가가 울려 퍼지는데 뭐 하는 짓들이냐고 소리를 질렀다. 그리고 교단에서 내려와 우유 토한 냄새를 풍기며 입을 닦아내고 있는 사메트의 싸대기를 후려쳤다.

"지금, 뭐하는 짓이야. 어린 놈이 벌써부터 국가에 반역하는 빨갱이 놈들과 어울려 다니는 거냐?"

사메트는 몇 대를 맞고 바닥으로 나가 떨어졌다. 사메트는 그때 깨달았다고 한다. 이데올로기가 개인의 뺨따귀를 후려치는 폭력으로 변할 수 있음을.

퓨전의 세계로

터키에는 색깔이 다른 모순들이 뒤섞여 있었다. 한편에는 천국을 꿈꾸는 이슬람의 기도소리가 울려 퍼졌고, 다른 한편에는 현실의 변화를 꿈꾸었던 케말리즘이 있었다. 종교와 정치는 지향하는 목적이 달랐지만, 또 손을 잡아 이상한 모양으로 변형이 되기도 했다. 11월 10일, 아침 9시 5분. 사이렌이 울렸다. 터키에도 민방위 훈련이 있나 싶어 의아했다. 알고 보니 아타튀르크가 사망한 시각이었다. 아타튀르크가 이 세상을 하직한 후 돌마바체 궁전의 시계는 9시 5분에 멈춰 있었다. 온 터키는 매년 같은 시각에 사이렌을 울려 아타튀르크의 죽음을 애도했다.

스탈린은 죽은 지 삼 년 만에 반 스탈린 운동으로 신적인 위치를 박탈당하고, 히틀러는 자살로 인생을 마감했으며, 무솔리니는 1945년 공산주의 파르티잔에게 총살당했다. 현재 전 세계의 몇 안 되는 독재자들도 달콤한 시대를 지나 쓰디쓴 몰락의 길로 접어들고 있다.

하지만 죽은 지 70여 년이 지났지만 아타튀르크만은 여전히 불멸의 권좌에 앉아 있는 듯하다. 거리에도 관공서에도, 택시에도, 버스에도, 식당에도, 카페에도, 이발소에도, 가정집에도, 아타튀르크가 없는 곳은 드물다.

실크햇을 쓴 아타튀르크의 동상은 모자에서 비둘기를 푸드득 날아오르게 하는 마술사를 연상시켰는데, 실제로 터키 전체가 아타튀르크의 마법에 걸려있는 것처럼 보이기도 했다. 혹시라도 아타튀르크를 폄하하거나 비판하는 사람들이 있을 경우에 대비한 법도 있다. 법 5816조는 아타튀르크 불경죄 처벌에 관한 조항이다.

아타튀르크에 대한 맹신이 이해가 가지 않는 것은 아니다. 1920년 세브르 조약에 의하면, 방대한 오토만 제국의 영토는 이태리, 그리스, 프랑스, 영국 등이 나눠 갖기로 계약을 했고, 터키에 남겨진 것은 척박한 아나톨리아 땅의 일부였다. 죽어가는 환자 앞에서 심장, 위장, 간장 등 장기 기증 여부를 의논하는 형국이라고나 할까.

아타튀르크가 주도한 독립 전쟁은 사망 직전의 터키를 관 밖으로 끌어냈고 터키의 부활을 선언했다. 죽은 나사로의 부활을 목격한 사람들이 예수의 뒤를 따랐듯, 터키인들은 백척간두의 상태에서 조국을 구해낸 아타튀르크에 무한한 신뢰를 보냈다.

아타튀르크는 아랍 문자를 알파벳 문자로 바꿨고, 페즈Fez, 무슬림들이 쓰던 모자를 서구식 모자로 교체했다. 하지만 오스만 시대의 기억과 결별하기를 강요했던 케말리즘은 20세기 터키의 새로운 전통으로 군림했다. 아타튀르크 자신은 종교로부터의 자유와 합리적인 근대 사회를 지향했다지만, 아타튀르크의 이상을 신봉하는 케말리즘은 터키의 또 다른 신앙으로 변모했다.

남의 신이라도 괜찮아

과학이 종교로 변신하고, 독재가 자유의 옷을 입는 등 독특한 조합은 많았다. 무슬림

들은 기독교 교회에서 기도하고 소원을 비는 데 주저하지 않는다. 흑해의 수멜라 수도원에서였다. 한 터키 여자가 수도원 바위에 촛불을 켜고 기도를 하고 있었다. 이스탄불의 물고기 성모 교회도 무슬림들이 자주 찾는 곳 가운데 하나다.

이 교회에 관해서는 전설이 하나 전해진다. 1453년, 투르크인들이 콘스탄티노플을 정복하던 순간, 교회에서는 한 수도승이 생선을 튀기고 있었다. 그때 누군가가 도시의 함락 소식을 알렸다. 수도승은 반쯤 튀긴 물고기가 다시 살아난다면 그 소식을 믿겠다고 호통을 치며 프라이팬과 함께 생선을 우물 속으로 던져버렸다. 그 생선은 아직도 반만 튀겨진 채로 우물 속에 남아 있다고 해서 물고기 성모 교회라는 이름이 붙었다. 투르크인들이 도시의 주인이 되었지만, 이 교회에서는 과거 비잔틴인들이 그러했듯 무슬림들이 수태를 빌었다. 술탄 무라드 4세도 바그다드 원정을 떠나기 전에는 주저 없이 비잔틴 교회에 가서 기도를 올렸다는 얘기가 전해진다. 물론 알라에게도 기도를 했겠지만….

제2의 로마 콘스탄티노플의 땅 밑에는 어느 도시 못지않게 교회의 성수가 흐르고 있는데, 무슬림들은 그 성수를 마시며 소원을 빈다. 무슬림들은 '어차피 신이니 소원을 들어주실 것 아니냐.'라고 하며 다른 종교에 대해서 큰 거부감을 갖지 않는다. 이 풍경의 생경함은 한국의 기독교 신자들이 절에 가서 땅 밟기를 하는 대신 부처님 앞에서 기도를 하는 모습을 떠올려보면 된다.

사자의 우유

터키의 인구는 98%가 무슬림이라고 하지만, 독실하냐고 묻는다면 글쎄…. 중앙아시아에서 발원한 투르크인들이 이슬람을 받아들였을 때 제일 고민되는 문제 가운데 하나가 술이었다고 한다. 코란에서는 포도주를 금하기 때문이다. 알라의 말을 따르지 않을 수는 없고, 그렇다고 음주의 쾌락을 포기하기도 석연찮고.

해결법은 라크였다. 라크는 한국에서 출시된 아락주와 기원이 같은 술로, 아니신이라는 풀을 첨가하는데 물을 섞으면 우유처럼 하얗게 변한다. 바로 그거다. 라크를 마시는 도

중에 알라가 '너 지금 술 마시냐?'라고 물으면, '우유 마시는데요.' 라고 변명할 수 있는 것. 터키인들은 그래서 라크를 '사자의 우유'라 부른다. 색깔은 우유지만 마시면 사자처럼 용맹스러워질 수 있으니까.

술탄들 가운데도 주당으로 유명한 사람이 많았다. 무라드 4세도 그 가운데 한 명이었다. 그는 술과 담배, 커피도 금지했고, 이를 어기는 경우에는 사형도 마다하지 않았다. 하지만 술탄의 초자아가 백성들에게 금욕을 강요한 반면에, 그 자신은 내면의 목소리를 따랐다. 결국 술탄은 지나친 음주로 인한 간경화로 사망했단다.

오스만 제국 최고의 전성기를 이룬 술탄 술레이만도 주당이었다. 최근에 터키에서는 '위대한 시대'라는 연속극이 방영되고 있는데, 그 주인공이 바로 술레이만이다. 그런데 얼마 전에는 100여 명가량의 무슬림들이 방송국 앞에서 시위를 하는 일이 있었다. 항의 문건도 약 7만5000건이 도착했다. 술레이만 대제가 술을 마시고 하렘의 여자들에게 구애하는 장면이 문제를 일으킨 것이었다. 시위자들은 '술레이만이 공정하고 도덕적인 술탄'이었다면서 연속극의 중지를 요청했다. 하지만 프로는 계속되고 있다. 이슬람의 지도자인 칼리프가 술을 마셨다 하더라도 대다수 터키인들은 개의치 않는다.

동성애에 대한 관점도 모순투성이었다. 2008년에는 게이인권운동을 하던 한 대학생이 보스포루스에서 총에 맞고 사망을 했다. 같은 그룹의 회원은 게이의 권리 신장을 위해 사회에서 적극적으로 스스로를 노출하고 활동하지만, 그럴수록 그들의 생명은 위험에 처한다고 말한다. 아직도 절대 다수 가정에서는 동성애에 대한 인식이 부정적이다.

그러나 다른 한편으로, 터키는 그리스 못지않게 남색의 전통이 깊은 나라이기도 하다. 가장 유명한 남색가는 메흐메트 2세였다. 그는 약관의 나이에 콘스탄티노플을 정복했던 투르크 전사들의 영웅이었지만, 드라큘라 백작의 원형인 블라드 체페슈의 배다른 형제, 잘생긴 라두와 연인 사이이기도 했다. 현재 터키 군대에서 동성애자는 입대도 안 시키지만 말이다.

또 다른 예도 있다. 제키므렌은 터키에서 50년대에 데뷔하여 90년대에 사망했던 인기가

수였다. 여자의 옷을 입었고, 커다란 반지를 끼었으며, 화장도 여자처럼 하고 무대에 등장했다. 동성애는 이슬람의 오랜 금기지만, 터키인들은 그를 경멸조의 호모나 게이라기보다는 '취향이 독특한' 가수로 불렀고, 그의 노래를 사랑했다.

재활용의 귀재

2000년, 터키를 처음 여행할 때 갔던 곳은 아야 소피아였다. 아야 소피아는 비잔틴 시대에 지어진 웅장한 건축물이다. 마침 성상화를 복원 중이었는데, 기둥에는 알라, 모하메트라고 쓰인 아랍 문자 원판이 걸려 있었다. 7개월 후였던 2001년 3월, 방송으로 아프가니스탄의 탈레반이 불교문화유산 바미안 석불을 파괴하는 장면을 보았다.

2001년 8월, 나는 다시 터키를 여행했고, 아야 소피아를 두 번째 방문했다. 처음 이곳을 구경했을 때 갖게 됐던 이상한 감정의 정체를 확인할 수 있었다. 투르크인들은 재활용의 귀재들이었다. 콘스탄티노플을 점령한 그들은 기독교 세계의 상징이었던 아야 소피아를 파괴하는 대신, 자신들의 성소로 사용한 것이었다. 그것은 불교 사원에 십자가만 꽂은 교회, 혹은 교회 안에 놓은 불상처럼 기이한 조합이었다.

터키의 양면성과 다양성은 지정학적 위치에 상당 부분 기인한다고 볼 수 있다. 수천 년 전, 왕 중의 왕이라 불렸던 페르시아 제국의 다리우스 1세는 보스포루스 해협을 건너 유럽으로 원정을 떠났다. 수백 년 후, 유럽의 떠오르는 스타였던 알렉산더 대왕도 같은 바다를 건넜다. 이번에는 아시아를 정복하기 위해서였다.

터키는 지정학적으로 유럽과 아시아를 가르는 지점이었고, 두 대륙이 만나는 곳이기도 했다. 이곳에서 1만 5000여 년 전, 인류 최초의 마을이 생겨났고, 그리스의 수많은 신들이 활약을 했으며, 기독교와 이슬람, 그리고 크고 작은 믿음들이 꽃을 피웠고, 손을 잡았다.

중앙아시아에서 말을 타고 서진해 왔던 유목민들. 그들이 세운 오스만 제국의 술탄들은 거의 대부분이 혼혈이었다. 34명 술탄의 어머니들 가운데 6명이 투르크인이었고, 나머지는 그리스, 이태리, 세르비아, 루마니아, 프랑스, 러시아, 세르비아 등 다른 나라 출

신이었다. 터키의 술탄들은 다문화 가정의 자식들이었다. 터키의 재상들 48명 가운데 투르크인들은 18명이었다. 술탄을 지키는 친위부대는 투르크인들이 아닌 외국인 용병 예니체리였다.

터키를 터키인들의 나라로 천명했던 아타튀르크조차도 파란 눈에 하얀 피부를 가진 발칸반도 출신이었다. 타임지에는 그의 아버지가 알바니아인이며 어머니는 마케도니아인이라는 주장이 나왔고, 슬라브족이거나 유태인일지도 모른다는 추측도 나왔다.

터키는 어떤 나라일까? 유럽과 아시아 사이에 있으면서, 그 어느 쪽의 종결자도 아닌, 형태가 뭉그러져 원재료의 정체가 불분명한 카레 같은 나라. 여러 민족과 문화가 뒤섞여 있는 터키의 삶 속에서 수많은 트랜스포머들을 목격한다.

part 05
꿈의 계절

사라진 후에야 존재감을 일깨우는 것들이 있다.
나는 그가 궁금해졌다.
자신의 좁은 방에서 햇빛을 받지 못해
창백해진 얼굴로 꿈이라도 꾸고 있을까.
아프리카의 사하라 사막으로 가서 수억만 년 동안
태양의 축복을 누릴 수 있는,
모래로 변하는 꿈을….

곰이 쓴 동화

눈이 어둠에 익숙해지자
둥근 천장과 벽과 마루 위엔
이상한 흔적이 어둠을 뚫고 나타났다.
—표도르 솔로구프, 술과 환락을 잊어버리고

옛날 옛날, 그러니까 아주 옛날은 아니고 반세기 전쯤 자말 귤하스는 흑해의 산골짜기에서 태어났다. 할아버지는 사냥꾼이었고, 아버지는 영화와 사진 쪽 일을 하셨던 분이었다. 열 살이 되던 해, 그는 가족과 함께 이스탄불로 이사를 했다. 그래도 방학은 온전히 흑해에서만 보냈기 때문에 계곡에서 헤엄치고, 갖가지 산열매를 따먹고, 노루니 멧돼지니 곰이니 하는 야생 동물들과 숨바꼭질을 하는 산골 소년으로서의 정체성을 간직할 수 있었다.

자말은 대학에서는 문학을 전공했으나 사진기자였던 아버지의 영향을 받아 야생의 세계를 필름에 담는 사진 작가가 되었다. 그는 터키의 자연과 문화를 알리는 잡지 〈아틀라스Atlas〉에서 수년 동안 일하며 흑해의 숨겨진 이야기들과 이미지를 세상에 선보였다. 아이들이 모두 대학을 졸업하고 난 후, 자말은 아예 흑해로 돌아왔다. 그는 도시 생활을 귀양으로 여기고 있던 사람인지라 귀향을 주저하지 않았다.

자말이 45세가 되어 짓기 시작한 새 집은 흑해에서 참르 헴신Camli Hemsin이라는 행정 구역에 속해 있는데, 북위 41도, 동경 41도 가량의 위치에 있고, 해발 고도는 800미터쯤 된다. 그곳을 찾아가려면 괴나리봇짐을 지고 8시간 정도 산행을 하거나 자동차를 타야 한다. 차를 타면 시간이 단축되는 이점이 있는 반면 맘고생은 각오해야 한다. 비포장 산길은 차 한 대가 간신히 지나갈 정도로 좁고, 크고 작은 돌들이 낭떠러지로 굴러 오금을 저리게 한다. 게다가 눈앞이 전혀 안 보일 만큼 안개가 짙게 끼는 일도 잦다. 청심환을 먹거나, 안대로 눈을 가리거나, 아니면 기왕 이런 길 위에 오른 거 마음을 단단하게 먹고 차를 타면 산길만 가는 데 40~50분이 걸린다.

잔뜩 긴장해 있다가 차에서 나오면 그림 같은 자말의 집이 보인다. 도끼자루가 썩어가는 줄 모르고 신선놀음을 해도 좋을 만한 집 아래에는 자욱한 안개가 발아래 펼쳐져 있다. 집을 아는 사람들은 자말 자신과 아들, 딸, 그리고 손가락으로 꼽을 만한 숫자의 친척들이다.

마을이라고는 하지만 집 한 채가 산봉우리 하나씩을 차지하고 있어서 이웃집을 방문하려면 산길을 오르락내리락하며 최소 30~40분은 걸어야 한다. 그래서 그쪽 사람들은 이웃의 동태를 살피기 위해 망원경을 자주 활용한다. 최근에는 인터넷도 주요한 통신 수단이 되었다. 어느 날은 산길에서 쇠고랑과 낫, 망태기를 진 아주머니의 사진을 찍었다. 그러자 아주머니들은 당부했다.

"있다 저녁에 페이스북에 올려줘유~."

자말과 닷위

전기와 인터넷이 있어서 바깥세상과 접촉하는 데 어려움이 없는, 공기 좋고, 물 좋고, 잠이 잘 오는 자말만의 궁전. 그가 이곳에 살기 시작한 지 3년째 되던 해, 한 마리 곰이 그의 천국에 나타났다.

태어난 지 얼마 안 되어 보이는 어린 새끼였다. 아마도 어미 곰이 누군가에게 해코지를 당한 게 아닌가 추측됐다. 자말은 평소에도 곰을 닮았다는 평을 자주 들었고, 워낙 동물을 좋아하는지라 기꺼이 곰의 부모 노릇을 하기 시작했다. 자말은 곰에게 '닷위'라는 이름을 지어주었다.

닷위는 그루지아어로 곰이라는 뜻이었다. 닷위는 터키의 토종견이며 용맹스러운 캉갈개 두 마리와도 친구가 되었다. 닷위는 직장으로 출근을 하듯 해가 떴을 때는 자말의 집 근처에서 놀다가 밤에는 숲속에 있는 자기만의 거처로 돌아가곤 했다.

자말은 곰이 반듯하게 자라날 수 있도록 가정교육에 신경을 많이 썼다. 나무를 오르는 법, 헤엄치는 법, 나무 열매를 따먹는 법, 손으로 물고기를 잡는 법도 가르쳐 주었다. 하지만 자말이 곰의 부모가 되었다는 소식이 전파를 타기 시작하면서 자말과 동물 보호론자들은 곰 양육권을 놓고 논쟁에 휩싸였다.

곰 해방을 주장하는 '리베어티libearty' 조직은 어린 닷위가 곰으로서의 본성을 잃어가고 있다고 개탄하면서, 닷위가 인간에게서 떨어지지 않으면 정체성의 혼란을 겪을 것이라고 주장했다. 자말이 곰에게 인간이 되는 법을 가르치기보다 곰의 행동을 모방하는 걸 보면 정체성 혼란의 주체가 누구인지 헷갈리는 부분이긴 하다. 자말은 곰이 자유롭게 숲 속에서 살고 있으며, 자신은 곰을 애완용으로 키울 생각이 없고, 닷위가 언젠가는 자연의 품으로 돌아갈 거라고 장담했다.

수차례의 TV 논쟁 끝에 승리를 거둔 쪽은 곰 해방론자들이었다. 리베어티 조직은 탬버린을 치고, 아크로바틱과 음악 연주 등 연예계 밑바닥에서 거친 삶을 살면서도 정당한 대가는 받지 못했던 집시 곰들의 목에서 사슬을 벗겨냈다. 해방된 곰들은 흑해의 정 반대편에 있는 에게 해 쪽 이즈미르의 한 숲속에서 새 삶의 터전을 찾았다.

자말과 닷위가 함께 쓴 동화는 둘이 만난 지 1년이 지난 어느 날, 닷위가 마취 주사를 맞고 트럭에 실려 이즈미르의 숲속으로 옮겨지는 것으로 마무리 지어졌다. 닷위는 다른 곰들과 부대끼면서 제2의 인생을 살아가게 될 것이었다. 짝퉁 곰인 자말과 살 때와 진짜 곰들과 맞부딪쳐 살 때 닷위는 어느 쪽이 더 행복할까? 닷위를 면회 간 적이 있느냐는 질문에 자말은 자신의 정신 건강을 위해서 방문하지 않았다고 했다. 그리고 닷위를 위해서도.

꿀 도둑

흑해의 산은 야생 들꽃들로 가득한 천연 화원 같은 곳이다. 꽃들이 만발하다는 것은 역으로 나비와 벌들의 활약상을 추측해 볼 수 있는 단서가 된다. 명탐정 홈즈 같은 추리력을 가진 사람이라면, 곧 흑해에 꿀이 많고 양봉업이 발달했을 거라는 추리를 할 것이다. 그렇다. 흑해는 예로부터 꿀로 유명한 고장이었다. 흑해의 꿀맛을 보다가 맛이 간 사람들의 이야기도 전해진다.

기원전 401년, 크세노폰은 병사 1만 명을 이끌고 바빌론을 정복하러 갔다가 페르시아인들에게 대패한 후 퇴각하는 길에 흑해의 산을 넘었다. 피로와 굶주림에 시달렸던 병사들은 산에서 달콤한 꿀을 발견하고는 정신 없이 먹다가 진짜로 정신을 잃고 말았다. 꿀을 많이 먹은 병사들은 실신 상태가 되었고, 적게 먹은 병사들은 구토와 설사 등으로 몸져 누웠다. 크세노폰은 당시 전쟁에 관한 내용을 담은 기록 〈아나바시스〉에 흑해에 사람을 미치게 만드는 꿀이 있다고 자세히 기술했다.

세월이 흘러흘러 300여 년이 지난 기원전 67년, 로마의 폼페이 장군과 그 군대가 폰투스^{흑해 지방의 옛 이름}의 미트리다테스 왕과 전쟁을 벌였을 때였다. 폼페이는 기선을 잡는 듯했고, 미트리다테스 왕의 부대는 퇴각하기 시작했다. 이 두 부대가 트라브존에 닿았을 때, 미

트리다테스 왕의 오른팔이었던 카테우아스는 크세노폰의 아나바시스를 기억해 냈다.
"병사들이여, 저 꿀은 사람을 미치게 하니 절대 입에 대지 말거라."
반면, 폼페이 장군은 평소 독서량이 부족했던 모양이다. 로마의 병사들은 흑해의 꿀을 마음껏 먹은 후 온몸에 경련과 마비 증세를 보였고, 미트리다테스의 부대는 꿀에 취한 병사들의 목숨을 빼앗을 수 있었다.
지금은 이런 꿀 대신, 카프카스Kavkaz의 여왕벌이 만들어내는 순도 높고 향이 좋은 꿀이 생산되어 사람들의 입맛을 자극한다. 꿀에 관한 한 둘째가라면 서러울 미식가인 곰들이라고 다를까.

터키와 그루지야의 국경 마을인 마자헬에 갔을 때, 밤마다 쿵쿵 하는 총소리가 났다. 대체 누가 이 밤중에 총을 쏘는 건지 알아보니, 그것은 진짜 총이 아니라 꿀 도둑인 곰들의 접근을 막기 위한 경보 장치였다. 양봉업자들이 늘어나면서 꿀 도둑들의 절도 행각

도 증가했다. 도둑들은 꿀통을 들어 보고 무거운 쪽을 들고 갈 만큼 똑똑했다. 또 피해자들이 곰을 속이기 위해 빈 통을 놔두면 그 통을 깨는 것으로 앙갚음을 했다.

꿀 도둑들은 마늘을 먹고 어여쁜 여자로 변신한 웅녀, 비니푸, 테디베어, 장자크 아노 감독의 영화 주인공 베어와는 달리 잔혹하고 몰염치한 놈들이다. 그래도 법은 인간보다 곰의 편을 든다.

2003년부터 터키에는 곰 사냥 금지법이 통과되었다. 반인륜, 아니 반곰륜적인 행위를 금지하는 법이다. 터키인들이 곰의 웅담을 빼먹지는 않지만, 그래도 곰의 가죽과 박제한 머리 등은 고가로 팔리고 있다. 위반 시에는 벌금이 1만 5000리라(약 1200~1300만 원)에, 징역 3년형이다. 과실치사로 누군가를 차로 치어 사망에 이르게 하면 최고 2년형이니, 곰을 잘못 건드렸다가 입게 될 손실은 사람에게 입히는 손해와 비할 정도가 아니다. 이리하여 흑해의 곰들은 두 다리 쭉 뻗고 잘 수 있게 되었고, 곰의 숫자는 증가세를 보였다. 리베어티 조직은 쌍수를 들고 이 법의 통과를 환영했지만, 흑해의 양봉업자들과 산골짜기 사람들의 마음에는 그늘이 지기 시작했다.

"어젯밤 텔레비전을 보고 있는데 창문에 누가 와 있는 것 같은 거야. 그래서 밖을 내다보니, 글쎄 곰이 문 안쪽을 들여다보는 게 아니겠어. 그냥 커튼을 닫아버렸지."

"어제 또 꿀을 도둑맞았다네. 비싸더라도 고압 전류 장치를 설치해야겠어. 죽 쒀서 개 준다더니, 기껏 꿀을 만들어 곰 좋은 일만 시키고 말이야."

폭행범

꿀을 도둑맞는 것으로도 마음이 쓰라린데, 곰에게 두드려 맞기까지 하면 어떤 심정일까? 매년 흑해 지방에서는 곰에게 폭행을 당했다는 뉴스가 전해진다.

2010년 7월, 에르주룸^{Erzurum, 터키 동부 에르주룸 주의 주도}에서는 새벽에 산길을 가던 이슬람의 사제가 사망한 사건이 일어났다. 이맘의 실종 신고를 접수하고 출동한 경찰은 이맘의 사체를 발견했다. 곰에게 폭행을 당해 목숨을 잃은 것이었다.

또 2010년 8월에는 아르트빈Artvin, 터키 북동부에 있는 도시에서는 두 남자가 산길을 가다가 곰을 만났다. 곰이 느려 보여도 마음만 먹으면 동작은 빠르다. 이 곰은 느닷없이 한 사람에게 달려들어 싸대기를 갈기고는, 추정컨대 헤드록에 발차기를 비롯한 온갖 기술을 구사하여 남자를 중상에 빠트린 모양이었다. 공포에 질린 다른 남자는 동료를 구할 생각은 하지 못하고 멀리 떨어져서 총알 없는 총을 쏴댔으나 포악한 곰을 막지는 못했다. 결국 곰은 야생의 요구를 만족시킨 후 돌아갔고, 피해자는 병원으로 옮겨졌다.

부상자는 곰을 폭행범으로 경찰에 신고했다. 이 곰이 초범이 아니었다는 인근 주민들의 증언도 이어졌다. 한 주민은 산 위에서 으르렁 소리를 지르며 빠르게 내려오는 곰을 피해 도망을 치다가 심하게 다리를 삐었다고 진술했다.

꿀을 도둑맞아 입은 금전적 피해도 만만치 않았다. 피해자들은 곰의 인상착의를 기술했는데, 마을 근처에는 비슷한 인상의 곰이 세 마리가 있는 것으로 파악되었다. 수사 당사자들은 몽타주를 신빙성 있는 자료로 처리하지 않았다. 경찰의 수사는 미궁에 빠질 수밖에 없는 구도였다. 말이 통하지 않는 곰을 심문할 수도 없다. 동시통역의 기술도 없는 상태에서 무작정 곰을 잡아들여 봐야 폭행범과 절도범, 그리고 범죄에 가담하지 않고 열매의 채취와 어로 등으로 연명하는 결백한 곰들을 구별하기도 어려운 노릇이다.

곰들의 입장에서 보면 물 좋고, 공기가 좋다는 이유로 자기들의 영역인 깊은 산속으로 인간들이 들어오는 게 마뜩치 않을 것이다. 그러나 사람들은 곰 때문에 생명이 위험에 직면하는 만큼 곰의 엄격한 처벌을 원했다.

동물 애호가들은 피해자의 아픔에는 공감을 표시하면서도 곰 사냥을 재개하게 되면 애꿎은 다른 곰들이 피해를 보게 될 것이며, 혹해 곰들의 생존권을 심각하게 침해한다고 주장했다. 곰이 살인죄로 사형 판결을 받을 수도 있었던 이 재판에서 곰의 편에 섰던 변호인단은 뛰어난 논리와 언변을 구사하고, 배심원들로 하여금 곰에 대한 사랑이 곧 인문주의의 바탕이 된다는 점을 상기시켰다.

재판 결과, 곰은 무죄 방면되었다. 도둑질을 일삼는 잡범들도 경찰의 수사망에서 벗어났다. 곰들은 곰으로서의 면책 특권을 인정받아 자신들의 영역을 지킬 수 있게 되었다. 혹해의 산을 불법 침입한 인간에게서 '꿀'이라는 자릿세의 상납을 계속 요구하면서 말이다.

곰의 권리를 옹호하는 사람들은 곰을 만났을 때, 절대 눈을 마주치지 말라고 충고한다. 그것은 마피아나 건달과 눈을 마주치지 않는 게 상책인 것과 비슷한 논리이다. 또 만세 자세를 취한 후, '나는 당신의 친구요.' 라는 메시지를 눈에 담으라는 권고도 있다. 그 이유에 관해서는 손을 들면 곰은 자신보다 더 큰 놈인 줄 착각하기 때문이라는 해석,

그리고 곰이 영리하고 인도적이라 적의 투항을 순순히 받아들인다는 설이 공존하고 있다. 이밖에도 죽은 척해서 살아나는 사람도 있다. 미리부터 넙죽 엎드려 비굴한 자세를 취하는 인간들이니만큼 슬쩍 건드리거나 상처를 내는 정도로 그친다는 것이다.

곰들은 반칙왕이다. 우리를 놀래게 하는 대상이 지구를 몇 바퀴쯤 돌고도 남을 만한 길이의 보험약관이 아니라 꿀을 훔쳐 먹는, 그리고 헤드록의 전문가인 반칙왕들이라면, 애초에 링 위에 올라서질 않는 게 상책이다. 그리하여 흑해 사람들은 신변의 안전을 위하여 마법의 주문을 노상 되뇌인다.

"다쉬 두셰 블류, 아유 치카 블류, 다쉬 두셰 블류, 아유 치카 블류."

표준 발음은 '타쉬 두셰 빌리르, 아의 치카 빌리르'이며 '돌 떨어져요, 곰 나와요'라는 뜻인데, 굳이 번역을 하자면 '둘 떨어져유, 굼 나와유' 정도가 되겠다. 충청도 사투리처럼 끝부분인 블류를 길게 끌어주는 것이 핵심이다.

최근에는 이 표현을 사용한 랩송도 나왔다. 레슬링 선수처럼 온몸에 달라붙은 옷을 입어 불룩 나온 배가 두드러져 보이고, 흑해 사람들 특유의 일자 수염을 기른 가수가 양쪽 어깨를 리듬감 있게 흔들며 반복한다.

"다쉬 두셰 블류, 아유 치카 블류(둘 떨어져유, 굼 나와유), 다쉬 두셰 블류, 아유 치카 블류…."

흑해는 어차피 실화와 동화의 경계가 흐릿한 곳이니 좀 이상하게 보여도 상관없다. 옴마니반메훔이나 나무아미타불처럼 진짜로 액을 막아주고, 복을 가져다줄지 누가 알겠는가.

"다쉬 두셰 블류, 아유 치카 블류…."

보이지 않는 현판

거기, 그 아래 밑바닥에는 다른 시대가 있어.
–미하일 엔데, 모모

4년 전, 갈라타 탑 아래쪽 거리에서 벽화 하나를 보았다. 비잔틴 성벽, 바다에서 일렁이는 파도, 해초와 물고기, 보스포루스 해협의 돌고래들과 갈매기들, 새들, 고양이들, 그리고 두 팔을 올리고 몸을 살짝 비튼 인어가 그려진 벽화였다. 잘 그린 것은 아니었지만, 꽤 흥미로운 조합이었다. 가끔은 진짜 고양이들이 그림 속의 고양이들을 발톱으로 긁기도 했다.

다음 해에는 벽화가 약간 달라졌다. 인어가 분홍색 치마를 입은 것이었다. 인어라도 하반신 노출이 부도덕하다고 여긴 동네 무슬림의 검열이라고들 했는데, 글쎄…. 인간이 되고 싶은 인어 공주의 꿈을 이뤄주기 위한 것인지도 모를 일이었다.

네게, 날개를 달아줄게

이스탄불은 할 말이 많은 도시다. 도시에 존재하는 모든 것들이 말을 거는 것 같다. 그래서 그렇게 시끄러웠나? 아무튼 이 벽화에도 사연이 있었다. 골목에는 한 소년이 살았다. 소년의 집은 7층짜리 건물의 1층이었다. 소년이 방의 창문을 열고 발을 내디디면 거리로 나갈 수 있는 집이었다. 하지만 소년은 침대에 누워 골목 풍경을 바라보기만 했다. 불구로 태어난 탓이었다. 그래서 행인들이 오가고, 고양이들이 뛰어 놀고, 자기 또래의 소년들이 축구 하는 모습을 바라보기만 했다.

근방 주민들은 그를 귀여워했고, 세상 밖으로 나올 수 없는 그를 가여워했다. 동네의 젊

도시 곳곳의 담과 건물의 오래된 페인트를 긁어내면
겹겹이 쌓여 있던 이야기들이 비듬처럼 우수수 떨어져 나왔다.

은이들은 어느 날 그에게 선물을 하기로 했다. 그렇게 벽화가 그려졌고, 소년은 눈으로나마 자신의 도시 이스탄불로 여행을 떠날 수 있었다.

2010년 봄이었다. 시끄러운 소리가 나서 나가 보니, 벽화가 그려진 건물의 해체가 진행 중이었다. 포크레인이 벽을 툭툭 건드리면 오래된 콘크리트가 힘없이 무너져 내렸고, 앙상한 골조가 부러진 뼈처럼 삐죽삐죽 튀어나왔다. 소년의 가족은 이 일이 있기 몇 달 전 이사를 갔다. 다행이라고 생각했다.

그 후로 몇 개월이 흘렀다. 그곳에 호텔을 짓는다고 했는데, 별다른 진전은 없었다. 비잔틴 유적이 발굴되어 공사를 중단했다는 소문을 들었다. 몇 년 전에도 지하철 공사 때문에 땅을 파다가 비잔틴 시대의 항구를 발견해서 건설업자 대신 고고학자들이 투입되기도 했다.

벼룩시장 같은 도시

이스탄불은 값비싼 골동품과 한쪽 팔이 떨어진 플라스틱 인형들처럼 값어치가 다른 것들이 한데 뒤섞여 있는 거대한 벼룩시장 같다. 시간을 투자해서 잘 고르면 헐값에 횡재를 할 수도 있고, 그렇지 않으면 진짜 벼룩만 가져 올 수도 있다. 골목길을 돌아다니다 보면 대로에서 보지 못했던 낯선 건물들이 툭툭 튀어나오곤 했다. 또 다락방에서 오래된 물건들의 잊혀졌던 사연을 발견하듯이, 도시 곳곳의 담과 건물의 오래된 페인트를 긁어내면 겹겹이 쌓여있던 이야기들이 비듬처럼 우수수 떨어져 나왔다.

번화가 이스티클랄 거리의 스웨덴 영사관 옆에 있는 보테르 아파트도 사연이 많다. 이 아파트는 화려한 꽃무늬 장식이 특징적인 아르누보 양식의 건물이다. 값어치가 꽤 나가 보이지만, 외양은 도시 괴담의 촬영장 같다. 건물의 1층 벽에는 각종 콘서트와 전시 포스터를 비롯해 커피점을 치는 가게(커피 찌꺼기의 모양으로 치는 점)나 수많은 술집들의 약도가 덕지덕지 붙어 있다. 그 술집을 다녀왔을 취객들의 토사물도 늘 흥건히 고여 있다. 각 층의 유리창들은 깨져 있고, 수십 년 동안 청소를 하지 않아 외관은 칙칙하다.

관리자가 없어서 지붕은 새가, 아래층은 고양이들이 접수를 한 흔적이 역력하다. 건물 앞은 길거리 음악가들의 공연장이 되어 흥겨운 멜로디가 울려 퍼지는데, 아파트 자체는 죽음을 앞둔 환자의 생기 없는 목소리가 들리는 듯했다.

어쩌다 보테르 아파트는 더럽고, 냄새나는 도시의 흉물로 변했을까?

1870년대, 이스티클랄 거리에는 대화재가 나서 8000여 채의 건물이 잿더미로 화했다. 아마 이 거리가 겪어야 했던 가장 고통스러운 시간이었을 것이다. 그 폐허 위에 현재 볼 수 있는 멋진 건물들이 지어지기 시작했다. 아이러니하게도 그 시기는 오스만 제국이 말기의 병적 징후를 드러내며 몰락해 가던 때이기도 했다. 그 당시 지어졌던 가장 아름다운 건물의 하나가 바로 보테르 아파트였다.

이 아파트는 1900~1901년에 술탄 압둘하미트^{Abdulhamid} 2세가 자신의 이미지 메이커이자 디자이너인 장 보테르를 위해 지어 주었는데, 그 당시 잘 나가는 건축가 라이몬도 다롱코$^{Raimondo\ D'Aronco}$가 설계를 했다고 한다. 이곳에서는 당시 유럽의 최신 유행을 소개하는 패션쇼가 열렸고, 이스탄불 상류사회 사람들이 모여들었다. 건물은 아르누보 양식의 외관처럼 화려한 삶을 살았다.

그러나 1923년 오스만 제국이 무너지고 터키 공화국이 들어서면서, 주인이 바뀌고 소유권이 불분명해졌다. 건물은 수십 년 동안 방치되어 처참한 몰골로 우울한 역사의 편린을 드러내고 있었다. 그 상태가 지속된다면 곪아 터진 도시의 상처가 되어 종말론적 미래를 예고할 수도 있었을 것이다. 다행히 치유의 손길이 이곳을 어루만져 주었다. 몇 년 전, 지붕 수리를 마쳐 붕괴 상태만큼은 면하게 되었다. 2007년에는 건물 소유자가 확정되어 1층에는 100여 년 전처럼 패션숍을 열고, 패션 박물관을 건설할 계획도 있다고 한다.

폐허, 시간 속의 망명자

아야 소피아, 블루 모스크, 톱카프 궁전처럼 이스탄불의 대표적인 문화 유적지들은 웅장하고, 화려하고, 아름답고, 완벽해서 경탄과 존경심을 자아낸다. 이 건물들은 시간에 따라 사라질 물질의 법칙을 거스른 채 불멸에의 의지를 반영하려는 듯 생을 지속한다.

유적지가 아닌 건물들에는 다른 운명이 주어져 있다. 보테르 아파트 같은 건물은 한때 부유했고 세간의 인기와 영화를 누렸으나, 지금은 모든 팬과 애인을 잃어버린 후 얼굴에는 주름이 자글자글한 채 궁핍하게 살아가는 늙은 여배우처럼 쓸쓸해 보인다.

단순히 살기 위해 지었던 집들은 한층 더 비극적이다. 재개발 지역의 폐허에는 불타서 무너진 집의 장롱 문 한 짝, 낡은 세간살이, 깨진 유리, 버려진 칫솔, 때 묻은 수건들이 남아 있다. 한때는 행복했거나, 불행했거나, 지루했거나, 유쾌했던 삶이 미라처럼 말라 비틀어져 있는 최소한의 흔적들이다.

도시의 폐허는 사라지고 그 위에는 미래가 들어설 것이다. 아무도 폐허를 기억하지 않는다. 그리하여 폐허는 과거에도, 현재에도, 미래에도 속하지 못하는 시간 속의 망명자가 되고, 화려한 도시 공간 속의 난민처럼 몸을 숨긴다. 이스탄불 곳곳에는 빠른 사회 변화로 인해 무너지고, 쓰러지는 건물들투성이다. 어쩌면 그래서 이스탄불이 멜랑콜리한지도 모르겠다. 태어나서 살다 병들며, 언젠가는 죽어갈 보통 사람의 드라마를 보여주기에.

비듬처럼 떨어지는 이야기들

건물의 외피가 무너질지언정 완전히 지워버릴 수 없는 것들도 있다. 아리프는 20년째 갈라타 지역의 터줏대감으로 살아온 까닭에 근처 건물들의 뒷이야기에 빠삭했다. 나는 골목길을 산책할 때마다 그 이야기들을 듣곤 했다.

"10년 전 까지만 하더라도 이 동네는 캄캄했어. 가로등도 변변치 않았고. 수십 년 동안 비어 있거나, 동네 가게의 창고로만 쓰이거나, 수리를 안 해서 귀신이 나올 것만 같은 집들이었지."

우리 집 건너편에는 그리스인 건축가가 100여 년쯤 전에 지은 건물이 한 채 있다. 보스포루스, 골든혼, 마르마라 해와 구시가의 실루엣이 한눈에 펼쳐지는 곳이다. 하지만 외관

은 전쟁의 파편을 여기저기에 간직한 상이군인 같은 모습이다. 소문에 의하면 건물의 소유주가 부패 공무원인데, 해외로 도피 중이라 소유권 문제가 불투명하다고 한다.

이스탄불에는 우리 집 건너편의 건물처럼 주인이 불분명한 건물이 많았다. 오스만 제국 시기에 이스탄불은 뉴욕처럼 여러 민족들이 사는 도시였다. 그리스, 아르메니아, 이태리, 프랑스, 유태인…. 그들의 다양한 문화도 이 도시에서 꽃을 피웠다.

도시의 코스모폴리탄적 분위기는 1923년 터키 공화국의 창립 후 '터키는 터키인들에게'라는 단일민족 국가 이데올로기에 자리를 내주었다. 예술가, 장인, 사업가, 은행가, 건축가, 포도주 제작자, 케이크와 빵집 주인들이었던 외국인은 뿔뿔이 흩어져 갔다. 농민이거나 군인이 대부분이었던 터키인들이 주류가 되었다.

1950년대 말, 터키 정부는 국가 재정의 확보를 위해 부유세를 엄청나게 매겼는데, 그 대상은 아직 터키에 남아 있던 외국인들이었다. 그들은 헐값에 재산을 처분하고, 자기들의 나라로 떠나야 했다. 그때 많은 건물들이 주인을 잃고 고아의 신세로 전락했고, 수십 년간 관리 부재로 인해 스러져갈 위험을 안고 하루하루를 간신히 버텨내고 있었다.

기억이 있는 한 사라지지 않을 거야

"저 골목 뒤에 하얀 집 보이지? 메흐무트가 거기 살았었지. 괜찮은 집안 출신이었고, 인물도 좋았고, 성격도 원만해 인기가 많았어."

우리는 꼬불꼬불한 골목길을 물고기처럼 헤엄쳐 다녔다.

"그런데 말이야, 그 친구, 섹스광이었어. 여친이랑 헤어지고는 인터넷 채팅으로 이란 여자를 만난 거야. 옛날 여친이 그 이란 여자가 창녀라고, 헤어지라고 충고를 했지만, 메흐무트는 그냥 무시를 했다나 봐. 어느 날 메흐무트가 그 이란 여자랑 침대에서 한바탕 뒹굴고 있던 중에 여자가 메흐무트의 손에 수갑을 채워 침대에 묶었대. 눈도 가렸고, 메흐무트는 '감각의 제국'의 주인공이나 된 듯 이 모든 과정을 섹스 판타지로 생각했나 봐. 그게 공포 영화처럼 끝날 줄은 몰랐겠지. 남자가 한참 절정에 올라있을 즈음, 여자가

목, 배, 가슴에 마구 칼을 찔러 댔대.″

"그리고는 남자의 돈과 카메라를 몽땅 챙기고 도망을 가면서 집에 불을 지른 거야. 시체를 발견한 건 소방관이었어. 경찰은 며칠 안 돼서 이란 여자를 찾았어. CSI 과학 수사대 같은 건 애초부터 필요도 없었지. 메흐무트가 마지막으로 메시지를 보낸 친구가 있었는데, 마침 이란 여자와의 뜨거운 관계를 모두 알고 있었다고 해.

그 이란 여자는 사고 다음 날 한 미국인 집에서 가정부 자리를 얻었대. 그리고 며칠 후에 체포가 된 거지. 미국인 남자는 사업가였고, 아내와 다섯 살짜리 딸이 있었어. 새로 들어온 가정부가 잔인한 살인자라는 사실을 알았을 때, 그 미국인은 어떤 생각을 했을까?"

숯 검댕처럼 불타버린 메흐무트의 시체는 외곽 공동묘지에 묻혔다. 그가 살았고, 또 죽었고, 불이 났던 집은 깔끔하게 단장을 해서 새 주인을 맞았다.

아리프는 지난 해 친구의 친구인 모세를 우연히 만났다. 모세의 조상은 15세기, 스페인의 대심문관을 피해 터키로 도피해 온 유태인들이었다. 공교롭게도 아리프의 집은 모세가 반 세기 전 이 세상의 빛을 본 집이기도 했다. 모세의 감회는 남달랐다. 보름쯤 후 삼십 명쯤 되는 유태인들은 유태인 음식을 준비해 와 이 집에서 파티를 했다. 일종의 '홈 커밍 데이'였던 셈이다. 그 자리에 모였던 사람들은 이 집에 살았던 사람들을 기억했다.

모세가 태어나기 훨씬 전, 이 집에는 한 유태인 할머니가 살았다. 할머니는 베이올루에서 제과점을 운영했는데, 꽤나 잘 나갔다고 한다. 외동딸은 시집 간 후 가끔씩 방문을 했다. 그러던 어느 날, 할머니가 키우던 고양이가 며칠 밤낮을 울어대서 이상하게 생각한 동네 사람들이 딸에게 알렸다. 딸이 왔을 때 할머니는 이미 싸늘한 시체가 되어 있었다. 전 주인의 흔적은 흐릿한 유령처럼 살았던 곳 주변을 배회한다. 물질은 사라져도, 신기루 같은 사연은 안개처럼 그곳을 메운다. 그곳에 살았던 인간들의 이야기는 하나둘씩 도시의 전설이 되고, 보이지 않는 현판으로 건물 앞에 걸려 귀를 기울이는 사람들에게 말을 건다.

아무도 폐허를 기억하지 않는다.
그리하여 폐허는 과거에도, 현재에도, 미래에도 속하지 못하는 시간 속의
망명자가 되고, 화려한 도시 공간 속의 난민처럼 몸을 숨긴다.

황금마스크와 천국행 통행증

현세에서 무엇보다 중요한 것은 죽음이다.
그런데 사실은 죽음도 중요하지 않다.
-민중의 지혜

아침에 먹구름이 끼어 그저 한두 방울 떨어지고 말려니 했는데, 빗줄기는 좀처럼 잦아들지 않았다. 좀 부지런해져야겠다는 결심 아래, 흐린 날씨임에도 불구하고 부산을 떨며 카메라를 챙겨 나왔건만 가는 날이 장날이었다. 비를 피할 곳을 찾아 골목을 헤매다 자그마한 카페 하나를 발견했다.

이스탄불의 전통적인 동네 카페가 대부분 그러하듯, 이곳은 주로 50대 이상의 아저씨들이 아줌마들의 잔소리를 피해 모여드는 해방구였다. 카페는 갑작스런 비로 성황리에 영업 중이었다. 아리프와 나는 간신히 빈자리를 찾아 앉았다. 그런데 옆자리에 앉아 있던 아저씨가 흘끔흘끔 우리 쪽으로 시선을 돌렸다. 금녀의 구역에 홀연히 나타난 중국인 아가씨가 신기했는가 싶어 신경을 안 썼는데, 아저씨가 아리프에게 말을 걸어왔.

"허허, 오늘 비가 많이 옵니다."

"그러게 말입니다. 이스탄불의 날씨가 작부의 마음 같아서 믿지 말라는 말이 괜히 나온 건 아니지요."

"이 아가씨는 어디서 오신 분인가요?"

"한국 사람이에요."

"아이고, 형제의 나라에서 오셨군요…. 제가 어렸을 때 우리 고향 마을에도 한국 전쟁에 참가하신 분이 계셨죠. 무스타파 코렐리라고."

"그래요? 우리 이모부 성함도 무스타파 코렐리였는데… 고향이 어디신가요?"

"아다나 출신입니다. 이스탄불로 올라온 지 20년쯤 됐어요."
"어허, 제 고향도 거긴데. 어느 동네에 사셨어요?"
"운하 근처에 살았어요."
"성함이?"
"압둘라에요. 압둘라 잔지르."
"세상에, 압둘라라고? 이보게 나 아리프일세, 기억나나?"

빛나는 아타튀르크

골목에서 함께 놀던 두 친구가 수십 년 만에 우연히 만났으니 얼굴을 몰라보는 것도, 또 그 낯선 얼굴에서 어린 시절의 흔적을 발견하려 애쓰는 것도 당연한 일이었다. 그들은 각자의 인생에서 일어난 일들을 실타래 풀어가듯 거슬러 올라가면서 반세기 동안의 회포를 풀었다.

"생각나지, 황금 마스크?"

둘이 깔깔 거리며 끄집어낸 첫 번째 기억은 어느 여름날, 압둘라의 집 마당에서 만들던 아타튀르크 마스크에 관한 것이었다. 압둘라는 당시 일곱 살이었다. 압둘라는 형이 셋 있었는데, 큰형 모하메트는 열여덟 살이었고, 작은형은 열다섯 살, 셋째 형은 열두 살로 모두 세살 터울이었다.

큰형은 중학교 때 학업 부진과 불량한 태도 때문에 퇴학을 당했다. 하지만 기업가 정신과 모험 정신만은 대단해서 많은 일들을 벌렸다. 가짜 여권 제조도 그가 한동안 열심히 추진했던 사업이었다. 덕분에 그는 도합 15년 동안 감옥을 들락날락했다. 모하메트는 갖가지 물건들의 밀수와 짝퉁 제작에 재능을 보였는데, 그 가운데 하나가 아타튀르크 마스크의 제작이었다.

이슬람에서는 형상의 묘사를 금하는 까닭에 예수, 성모마리아 같은 모하메트의 성상이 존재하지 않는다. 터키에서 그런 성상의 자리를 차지한 것은 케말 아타튀르크의 초상

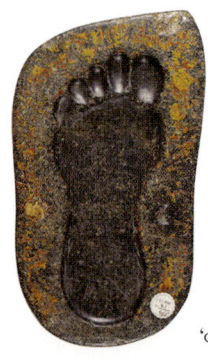
이었다. 터키 근대사의 새 장을 연 아타튀르크는 터키의 국부로, 그 사진과 동상은 터키에서 유비쿼터스의 이상을 실현하고 있다. 심지어 해발 고도가 3천 미터 이상이고, 교통이 무척 불편하다는 말로는 부족한 산골 마을의 가정에서도 아타튀르크의 사진을 발견하는 것은 어려운 일이 아니다. 애국주의의 촘촘한 통신망을 상징하는 이 아타튀르크의 사진을 보면서 압둘라의 형 모하메트는 생각했다.

'이거, 사업 되겠구나.'

학교에서 활성화되지 않았던 모하메트의 뇌는 이 대목에서 빠르게 회전했다. 어느 날, 모하메트는 아타튀르크의 마스크 하나를 얻어 와서는 아타튀르크 마스크의 주물에 석고를 붓고, 틀을 떼어냈다. 그리고 완성된 석고 마스크를 하나씩, 하나씩 말렸다. 얼마간의 시간이 흘러 수백 개의 아타튀르크 마스크가 마당을 채웠다.

압둘라의 또 다른 두 형, 그리고 동네에서 압둘라와 놀던 아리프까지 모두 다섯 명이 아타튀르크 마스크의 복제 프로젝트에 참여했다. 석고가 마른 후, 모하메트는 붓을 들어 마스크에 황금색 물감을 칠하는 과정을 시연했다.

"이거 봐라. 구석구석 물감이 안 들어가는 데가 없게 말이다. 잘 발라야 해. 어, 아흐메트, 눈 한쪽에 너무 많이 바르니까 꼭 얻어맞은 것 같잖아, 골고루 칠하는 게 핵심이야…"

40여 년 전, 아다나 어느 집의 마당은 수백 개의 아타튀르크 황금 마스크가 햇빛 아래서 반짝이는 애국주의의 전시장으로 돌변했다. 이집트의 파라오 투탕카멘 마스크 못지않게 황금색은 아타튀르크의 권위를 드높여 주었다. 또 황금은 그들이 벌 수 있는 금전을 상징하기도 했다. 현대 미술의 큐레이터가 이 광경을 목격했다면 비엔날레의 출품을 권유했을지도 모를 일이다.

하지만 시대를 너무나 앞서 갔던 압둘라의 큰형 모하메트는 그저 각 가정과 학교, 사무실 등 마을을 돌아다니며 서민들에게 부담을 주지 않는 저렴한 가격으로 팔았을 뿐이었다. 그래도 워낙 많이 제작을 해서 제법 짭짤한 수익을 올렸고, 재고로 남은 몇 십 개의 황금 마스크는 오랜 세월 동안 집안을 빛냈다.
"그게 벌써 수십 년 전 일이네…. 옛날이니까 아타튀르크가 먹혔지. 장군들이 큰소리치던 시대는 갔다구."

선지자의 발자국을 따라서

햇빛 아래서 찬란하게 빛나던 아타튀르크의 황금 마스크는 압둘라의 마음속에 깊이 새겨져 있었다. 하지만 압둘라가 현재 전망 있게 보는 사업은 성물 제작업이었다. 그것은 2010년 9월 12일, 헌법 개정 투표에서 터키 국민들이 군사 독재 청산의 의지를 강력하게 밝힌 것과 무관하다고는 할 수 없었다. 투르크 전사라는 별칭에서 알 수 있는 것처럼 터키의 역사에서는 군부의 권력이 절대적이었다. 그러나 21세기, 민주 시민 사회의 건설을 지향하는 터키에서 군부는 발톱 뽑힌 호랑이가 될 참이었다. 아타튀르크가 뒷전으로 물러나는 것은 시간문제일 것이라고들 했다.

어쨌거나 압둘라가 종교 상품에 주목하는 이유는 꼭 정치적이라기보다는 그 사업으로 성공을 거둔 사업가들을 실제로 만났기 때문이었다. 얼마 전에 압둘라가 알게 된 유리 공예 장인도 그 가운데 하나였다. 이 장인은 최근 한 사업가로부터 선지자 모하메트 발자국의 복제를 주문 받았다. 과거에 이 사업가는 모하메트의 발자국을 천에 인쇄하는 사업으로 크게 성공을 했는데, 이번에는 유리로 입체감 있게 제작을 시도해 본다는 것이다.

사실 이슬람에서는 선지자의 형상을 담은 성상화나 성상의 조각 등은 존재하지 않는다. 모하메트의 얼굴을 그린 미니어처가 전혀 없는 것은 아니지만, 그것도 하얀 천으로 얼굴을 다 가린 이미지다. 이란에서는 더러 모하메트의 얼굴을 담은 프린트가 유통되는 일도 있고, 모하메트를 그린 유럽인들의 그림도 몇 점 남아있기는 하나 예외에 속한다. 무슬림들은 형상의 묘사를 우상 숭배와 같은 것으로 보고, 금기시할 뿐 아니라 지옥에 떨어질 사유로 보기도 한다.

2005년 덴마크에서는 이슬람의 형상 묘사 금기 원칙에 도전하여 모하메트의 얼굴을 만화로 그린 일이 있었다. 이 사건은 전 세계 무슬림들의 분노를 자아냈다. 무슬림 국가에서는 덴마크 상품의 매출이 50% 떨어졌고, 덴마크 대사관과 영사관을 비롯해 만화가들, 만화를 실은 언론사 등은 테러의 위협에 직면해야 했다.

하지만 모하메트의 형상 묘사가 금기시되었다 하더라도 관련 이미지가 전혀 없는 것은 아니다. 모하메트가 사용했던 칼, 슬리퍼, 옷, 모하메트의 수염은 무슬림 세계에서 귀하게 치는 성물들이다. 이스탄불은 모하메트의 성물들이 꽤 많이 보관되어 있는 곳이다. 술탄 아후드 셀림 2세는 16세기 이집트를 정복하고 칼리프^{Caliph, 이슬람 최고의 통치자}가 되었는데, 그때 이 성물들이 이스탄불로 옮겨졌다. 이 성물들 사이에는 모하메트의 발자국도 있다. 그 가운데 한 점은 톱카프 궁전의 금빛 상자에 담겨져 있는데, 발뒤꿈치 위와 아래를 이어 붙인 자국이 있다. 어떤 설에 의하면, 이 발자국은 선지자 모하메트가 카바^{kabah, 메카에 있는 신성한 돌}를 올릴 때, 석공들을 돕다가 흙 위에 생긴 자국이라고 한다. 또 선지자가 애마에 올라타다가 모래 위에 생긴 발자국이라고 주장하는 사람들도 있다.
팔레스타인의 서안 헤브론^{Hebron}에도 발자국이 한 점 있는데, 발가락부터 발뒤꿈치까지 동그란 모양이고 검은 돌에 패어 있어 벼루처럼 보이기도 한다. 또 티베트에 남아 있는 전설적인 유인원 '예티'의 발자국과 맞장을 떠도 좋을 만큼 크다. 게다가 각 나라마다 남아 있는 발자국의 모양도 달라서 동일인의 발자국인지 의심스럽기도 하다. 그래도 발자국의 신빙성과 신성성은 의문에 붙여지지 않는다. 과학은 증명이 필수지만, 종교는 믿음이 생명이니까.
유리 공예 장인이 가져온 모하메트의 발자국은 에윱^{Eyup} 모스크에 보관되어 있는 성물이었다. 발자국은 녹색 돌 위에 찍혀 있고, 약간 불분명한 모양이다. 에윱은 7세기 콘스탄티노플의 정복 전쟁을 이끌었던 아랍인이었다. 전쟁에서는 패배했지만, 기독교인과의 싸움에서 피를 흘렸고 또 모하메트와 가까운 측근이었다는 사실이 에윱에게 성인의 아우라를 더해주었다. 에윱이 피를 흘렸다고 추정되는 자리에는 모스크가 지어졌고, 모하메트의 성물 한 점이 안치되었다. 이후 에윱 모스크는 이스탄불의 이슬람 성지가 되어 많은 무슬림들의 발길이 끊이지 않고 있다.
모하메트의 수염이나 칼, 샌들 등은 단 한 점만 존재하지만, 발자취는 말마따나 풋 프린트, 즉 복제 가능한 성물이다. 그리하여 압둘라가 아는 그 장인은 모하메트의 발자국을 유리로 만드는 사업을 맡게 된 것이었다. 장인은 무신론자였지만, 그것은 상품의 제작에 영향을 미치지 않는다. 중세에 모로코의 무슬림들이 생산했던 가죽으로 성경 표지를 쌌다는 사실처럼.
아무튼 모하메트의 발자국은 생산이 끝난 후, 사우디아라비아에서 판매할 거라고 했다. 모하메트의 얼굴은 금지되면서, 발자국은 허용된다는 사실이 납득하기는 어렵다. 설명도, 이해도 안 되는 그 대목이 사업의 성공 요인으로 작용할 수 있다면서 압둘라는 또 다른 사례를 들었다.
성경에 에베소라고 알려진 도시 에페스^{Ephesos}에는 성모 마리아의 교회가 있는데, 그 교회에서 나오는 성수도 사우디아라비아에 공급이 된다고 한다. 무슬림들은 성수를 마시면서 임신을 할 수 있기를, 병이 낫기를, 남편이 바람피우지 않기를, 그리고 가족을 비롯한 주변 모든 사람들이 행복하길 빈다. 그 수출액은 1년에 300만 불이 넘는다고 한다.

천국행 보증서

압둘라는 얼마 전 바로 이 카페에서 한 노인을 만났다. 80대 중반으로 보이지만 사실은 60대 중반이다. 겉늙은데다가 추레해 보이지만 상당한 재산가였다. 그 동네에 사놓은 건물이 서너 채에 임대료 수입도 적지 않았다. 그 노인이 재산을 긁어모으기 시작한 것은 20여 년쯤 전의 일이었다.

아버지가 세상을 떠나고 난 후, 유물을 정리하다가 당시 중년이었던 이 노인은 보석이 박힌 장미목 상자 하나를 발견했다. 언뜻 보기에도 귀한 물건이었다. 상자 안에는 아랍어로 쓰인 종이 한 장이 들어 있었다. 노인은 아버지가 생전에 아무 설명도 해주지 않았던 종이의 정체에 대해 몇날 며칠을 고민했다. 아랍어를 모르기 때문이었.

오스만튀르크 시대에는 아랍문자를 표준 문자로 사용했다. 하지만 1929년 라틴 문자가 표준 문자로 등장하면서 아랍문자는 뒤안길로 사라졌다. 이로써 터키인들은 유럽으로 향한 창문을 활짝 열게 되었지만, 자신들의 과거에 대해서는 까막눈이 되었다. 그래서 노인도 그 종이를 읽을 수 없었다.

그의 할아버지는 이슬람의 종교 지도자 무프티^{Mufti, 이슬람법의 해석과 적용에 관하여 의견을 진술하는 자격을 가진 법학자}였다. 노인은 이 문서가 예사롭지 않고, 소중하며, 신성한 내용을 담고 있는 게 분명하다고 직감했다.

'무엇이 그리 소중하고, 신성할까?'

노인이 도달한 결론은 천국이었다. 천국이야말로 인간의 진정한 삶과 행복이 가능한 공간이 아니던가. 우리 모두는 천국에 이르기 위하여 지상의 불행을 감내하는 것이 아니던가. 노인의 풍부한 상상력은 문서의 불분명한 내용에 생명을 부여했다. 노인은 결론을 내렸다. 저승으로 떠나는 사람의 가슴 위에 올려놓기만 하면 천국의 입성을 보증하는 통행증이라고.

"이런 귀한 문서를 혼자만 가져서는 안 되지."

여러 사람들에게 천국행 열쇠를 나누어주겠다는 노인의 인도주의적 결심은 자본주의적 아이디어로 탄력을 받았다. 그는 문서가 수백 년 전에 작성되었고, 이슬람의 종교 지도자 무프티가 보관해 오던 것이라는 느낌을 주기 위해 정교하게 위조를 했다. 그리고 한 장에 몇 십만 원씩 받고 판매를 했다.

고객층은 다양했다. 평생 성인처럼 살았다 하더라도 삶의 어느 순간 실수를 저질러 천국의 도달이 약간 미심쩍었던 부류, 그다지 신실하지 못했거나 한마디로 개판을 치며 살았기에 더욱 천국행 보증서가 필요했던 부류 등 죽음을 앞둔 사람들은 이 상품에 대단한 매력을 느꼈다. 또 자식들은 내세로의 긴 여행을 떠나는 부모의 손에 천국행 티켓을 쥐어줌으로써 자식된 도리를 마무리할 수 있다고 여겼다.

천국행 통행증은 중세 기독교 국가에서 통용되던 면죄부와 관속에 저승 가는 노잣돈을 넣어두는 장례 풍속 등을 결합한 상품으로 날개 돋친 듯 팔려나갔다. 아무도 이 문서의 진위를 의심하지 않았다.

"이게, 진짜 장사야. 죽어가는 사람들은 어디에나 있거든. 하지만 누가 이 문서가 가짜라는 증거를 대겠어? 망자가 천국이 아니라 지옥에 떨어졌으니 환불해 달라고 시비를 거는 사람들도 없고 말이지."

압둘라는 노인에게 천국행 통행증을 사서 자신도 조만간 복사 사업을 시작하겠다고 했다. 카페 한쪽 구석에 홀로 앉아 있던 노인은 줄곧 우리 쪽을 쳐다보는 눈치였다.

비는 어느 정도 잦아들었다. 노인은 바깥으로 나가 담배에 불을 붙였다. 담배 연기를 깊이 들이마시며 천천히 내뱉는 모양이 한숨을 쉬는 것 같았다. 조만간 자신도 그 통행증이 필요하기 때문에, 아니면 아직은 천국행 보증서 대신 이승의 삶이 자신을 받쳐주는 것을 안도하듯이….

"이게 진짜 장사야. 죽어가는 사람들은 어디에나 있거든. 하지만 누가 이 문서가 가짜라는 증거를 대겠어? 망자가 천국이 아니라 지옥에 떨어졌으니 환불해 달라고 시비를 거는 사람들도 없고 말이지."

흰 까마귀

이영훈은 세상 어디에서도 진정한 집을 발견하지 못했으며,
그의 몸 자체가 모진 망명의 장소였다.
—데이비드 그로스먼, 사자의 꿀

관광객들이 늘어나던 여름철, 블루 모스크 앞은 기념품 노점상으로 가득했다. 냉장고용 자석, 오리엔탈 풍의 귀걸이, 악귀를 막아준다는 터키의 부적 나자르 본주, 큐빅이 박힌 염주, 스카프, 엽서, 무슬림 남자들이 썼던 빨간 모자 페스 등의 품목들이었다. 물과 군밤, 아이스크림, 옥수수, 갖가지 색깔의 터키 엿 등 군것질 거리들도 그 대열에 가세했다.

노점상들은 사람들이 지나다닐 수 있도록 한쪽으로 비켜서 있었는데, 길 복판에는 인형 하나가 빙글빙글 돌고 있었다. 분홍색 레이스가 달린 모자와 드레스를 입고, 크고 파란 눈을 한 백인 소녀의 얼굴이었다. 인형은 10대 초반 소녀의 분위기를 풍기면서도, 반쯤 드러난 가슴은 할리우드의 여배우처럼 풍만했고, 허리는 잘록했다. '베이글녀'였다. 인형이 하나였기 때문에 파는 물건인지, 아니면 행인들의 관심을 끌기 위해 노점상 중 한 사람이 갖다 놓은 것인지는 분명치 않았다.

인형이 돌 때마다 노래가 흘러 나왔다.

높은 산에 집을 지어서는 안 된다네. / 먼 곳으로 딸을 시집 보내서는 안 된다네. / 사랑스러운 그 여자에게 마음고생을 시켜서는 안 된다네. / 새들이여, 어서 날아가 소식을 전해다오, 부모가 그립다고, 고향이 그립다고.

인형의 외모는 바로크 시대 상류사회 사교계를 드나들던 프랑스 귀족의 딸을 연상시킨다. 터키의 어린 소녀들이 동경할 만한 서구의 얼굴이다. 그러나 그 안에서 흘러나오는 노래는 시골 촌구석에서 구박받는 며느리가 신세 한탄을 하며 불렀을 법한 트로트풍이

었다.

인형 앞에는 한 여자가 서 있었다. 여자는 차도르^{Chador, 무슬림 여자들의 검은 옷. 터키에서는 차샤프라고도 한다}를 휘감고 있었다. 러시아 같은 나라였다면, 그 여자는 비명에 횡사한 남편들을 위해 복수의 수류탄을 품고 지하철로, 버스로, 건물들로 몸을 던지는 검은 과부들, 블랙 위도우로 취급할 수도 있었을 것이다. 또 머리끝부터 발끝까지 온통 시커먼 천을 휘감고 있는 그녀의 뒷모습은 닌자를 떠올리게도 했다. 그 여자는 둘 중 어느 쪽도 아닌, 장사꾼이었다.

오색 빛깔의 세상 앞에서 여자가 걸친 차도르는 인생의 상복처럼 보였는데, 그런 차림으로 장사를 하는 사람들은 드물었다. 많이 달라졌다고는 하나, 터키에서는 여전히 여자가 남자의 소유물로 여겨지는 경우가 허다하다. 그래서 가부장적인 남자들은 여자들의 사회활동을 달갑게 생각하지 않는다. 낯선 남자들과 상대하는 일도 많고, 그들에게 미소를 건네거나 또 물건을 건네받으며 접촉할 가능성도 높기 때문이다. 자칫하다가는 '명예 살인'의 소지를 제공할 수도 있는 것이다. 하지만 장사를 하면서 어떻게 접촉을 피할 수 있다는 말인가?

"뭐, 어쩌라구. 내가 가린다고 해서 집안에 틀어박혀 있으란 법 있어? 거리로 나와 장사하지 말라는 법 있어?"

가슴을 훤히 드러낸 서구적 외모의 인형에서는 구슬픈 노래가 흘러나오는 반면, 검은 옷을 휘감은 여자에게서는 씩씩한 페미니스트의 외침이 들린다.

"내게도 장사할 권리를 보장하라! 보장하라! 보장하라!"

남들이 볼 수 없도록 자신의 몸은 가리면서도, 집 밖으로 나와 동냥을 하기보다 스스

로 살길을 찾는 그 여자는 흰 까마귀처럼 희귀종이었다. 그녀는 누군가 지나갈 때마다 휙 하고 뭔가를 들이댔다. 장난감 권총이었다. 아무것도 없는 검은 상자 속에서 수많은 새들이 푸드득 날아오르는 마술처럼, 검은 옷자락 안에 감춰진 장난감 권총에서는 오색찬란한 비눗방울이 쏟아져 나왔다. 지나가는 아이들이 환호성을 지를 때마다 여자는 방아쇠를 당겼다.

여자는 무슨 생각을 할까. 집안에 틀어박혀 신세 한탄의 노래를 되풀이하는 대신 매일 거리로 나와 장난감 총구에서 비눗방울을 쏟아내며, 마음속의 응어리를 날려 보내기라도 하는 걸까? 인형처럼 얼굴이 하얀 백인 관광객 여자가 되는 꿈을 남몰래 꾸는 걸까? 그녀들처럼 거리낌 없이 가슴을 드러내고, 뭇 남자들의 시선을 즐기고 싶어 할까? 장난감을 많이 팔아 백만장자가 되는 꿈을 꿀까? 아니면, 밀린 세금과 병든 남편의 약값을 치를 정도만이라도 매상을 올리는 소망을 갖고 있는 걸까?
비눗방울에 그녀의 모습이 비친다. 양팔을 벌리자 비눗방울 속의 그녀는 날개를 퍼득이는 새처럼 보인다. 검은 옷을 입은 그녀는 수십 개의 무지갯빛 비눗방울을 타고 모스크 지붕 쪽으로 둥실둥실 날아오른다.

모래로 변하는 꿈

원한다면 나는 육체에 미치리.
(그리고 하늘처럼 톤을 바꾸어)
원한다면 나무랄 데 없이 부드러워지리,
사나이가 아니라 바지를 입은 구름이 되리!

—블라디미르 마야콥스키, 바지를 입은 구름

카라쾨이Karakoy는 페라 지구에 위치한 지역으로, 흡사 세상의 모든 움직임과 소리들을 한데 모아놓은 듯 역동적인 인상을 풍기는 곳이다. 트램과 자동차, 갈라타 다리 양편으로 지나다니는 수천, 수만, 수십만 명의 사람들, 술안주나 저녁 반찬거리를 마련하기 위해서, 혹은 무직이나 실직의 무료함을 달래기 위해 권태의 추를 내려뜨린 낚시꾼들, 하루에 담배를 세 갑쯤 피운 것 같은 쉰 목소리로 뭐가 우스운지 매번 꺽꺽 웃어대는 갈매기들, 생선 시장에 가지런하게 누워 은빛 비늘을 반짝이는 물고기들, 식당에서 피워 올리는 생선 구이의 연기, 인심 좋은 가게 주인과 손님들 곁에 다소곳이 앉아 맛난 보상을 기다리는 고양이들. 이 모든 움직임들에 하루 5차례 모스크에서 울려 퍼지는 기도와 에미노뉴, 우스퀴다르, 카드쾨이 부두로 항해하는 배들의 경적 소리를 적당히 넣어 버무리면 비빔밥 같은 카라쾨이의 풍경이 만들어진다. 짭짤하고, 고소하고, 씁쓸하고, 매콤하고….
매번 다른 맛을 내는 카라쾨이의 풍경 속에는 한 남자가 끼어 있다.

당신의 눈에는 보이지 않습니까?

파르스름한 수염이 얼굴의 반을 차지하고, 회색의 체크무늬 남방에 검은색 기지 바지를 입은 이스탄불의 평범한 남자. 사극의 엑스트라처럼 딱히 특징을 찾기 어려운 외모다.

하지만 그의 행위는 외모의 범용성을 보기 좋게 배반하고 있었다.
그는 매일 카라쾨이 선착장에 나왔다. 화창한 날이면 동이 틀 때부터 석양의 그림자가 골든혼Golden Horn의 물결을 황금빛으로 불태우는 시간까지 그는 떠나지 않았다. 남자는 박제처럼 서 있는 게 자신의 특권인양 고개를 젖히고 하늘을 올려다보았다. 망부석처럼 꿈쩍도 하지 않고 서 있는 그와 카라쾨이 특유의 운동성은 빛과 그림자처럼 대조적이었다. 남자의 주변으로는 움직임이 멈춘 듯한, 시간의 진공 상태가 만들어졌.
나는 흥신소에 막 입사한 신입사원처럼 그의 일거수일투족을 며칠 동안 지켜보았다. 어느 날은 용기를 내어 그에게 다가가 짧은 터키어로 물었다.
"뭘 보는 거예요?"
"모든 것을 보지요"
나도 그처럼 하늘을 올려다보았다. 구름, 갈매기, 파란 하늘…. 이렇다 할 별다른 것은 보이지 않는다.

"아무것도 없는데요."

달마대사의 빙의라도 입은 듯 그는 손가락으로 태양을 가리킨다.

"저쪽을 보세요. 저기 말예요. 안 보여요?"

그가 벌거벗은 임금님의 재단사처럼 사기를 치는 사람인 것 같지는 않다. '아, 저거 말입니까?' 하고 맞장구라도 치면서 같이 해바라기를 해도 유쾌하련만, 나는 눈이 부셔서 볼 수가 없다. 그의 눈에 보이는 특별한 세상이.

행운의 천사

"우리 동네에도 비슷한 사람이 있었어."

아리프와 나는 해가 지는 강변에 앉았다.

아리프의 고향 아다나^{Adana, 터키 남부에 있는 도시}는 선인장이 자라나고, 남자들은 권총에 환장하는 마초들이며, 여자들은 그에 걸맞게 드세고, 어린이부터 노인들까지 황봉알 뺨치는 욕의 대가들이고, 입과 위를 뒤틀리게 하는 매운 음식이 유명해 멕시코를 떠올리게도 하는 곳이다. 도시에서 상상력의 에너지를 얻은 누군가는 예술가가 되었고, 또 누군가는 기인으로 살았다. 모함메르는 후자에 속하는 남자였다.

모함메르가 언제 그곳에 나타났는지 정확하게 아는 사람은 없었다. 그는 비범한 세상의 주민들이 대개 그러하듯 나이를 가늠하기 어려웠다. 누구는 20대 중반이라고 했고, 또 누구는 50대가 넘었을 거라고도 했다. 연간 일조량이 300일은 훌쩍 넘을 이 도시에서 모함메르는 늘 하얀 피부를 간직했다. 중키에 몸은 가냘프고, 눈매가 가늘어서 동양인 여자 같은 인상이었다. 동네를 오가며 키득키득 웃거나, 가끔은 우울한 눈초리로 어딘가를 바라보는 게 모함메르의 일이었다.

그가 정상이 아닌 것은 분명했지만, 어떤 이유인지 사람들은 그가 생과 사의 비밀을 알고 있는 신의 사절이어서 함부로 대해선 안 된다고 여겼다. 그래서 모함메르는 비렁뱅이 취급을 받아 돌팔매질을 당하고, 다른 동네로 쫓겨나는 대신 행운의 천사 대접을 받았다.

아침에 동네 상점 주인들은 일찌감치 일어나 가게 문을 열고, 상점 앞을 쓸고, 물건들을 정리했다. 마치 자신의 성실성을 스스로와 이웃, 알라에게 증명이라도 하듯 분주하게 움직였다. 그러고는 모함메르 유치 경쟁에 열을 올리기 시작했다.
"이보게, 모함메르, 오늘은 우리 가게로 오게나."
가게 주인들은 사방을 향해 큰소리로 외쳐댔다. 그러면 모함메르는 어딘가에서 나타나 가게 하나를 골랐다. 가게 주인은 하렘에서 술탄에게 간택된 첩이라도 되는 양 의기양양하게 그에게 금고를 열어 보이고, 모함메르는 달랑 동전 하나만 집어 들었다. 모함메르가 돈을 어디에 쓰는지 출처는 알려지지 않았지만, 그가 남몰래 자선을 하며, 그 덕이 가게 주인들에게 돌아오기 때문에 아침에 그가 들르면 하루 종일 장사가 잘 된다는 믿음들을 갖고 있었다.
모함메르가 '축지법'을 쓴다는 전설 같은 이야기도 생겨났다. 전파상 주인이 메카에 갔을 때, 기도를 하던 수백만 명의 인파 속에서 모함메르를 만났다는 것이다.
"예끼, 이 사람아. 모함메르는 아다나를 떠난 적이 없다네."
"아니라니까. 하도 신기해서 '모함메르 자네, 어떻게 메카엘 왔나?' 하고 묻기까지 했는데, 걸어서 왔다고 대답을 하더구먼."

니들이 천국을 알아?

모함메르의 기행을 목격하는 일은 지루한 일상에서 얻는 사은품 수령 같은 것이었다. 매번 모함메르의 '무용담'을 남들에게 전해 듣기만 하던 아리프도 그 수혜자가 되는 날이 있었다. 동네 개구쟁이들과 함께 한참 팽이를 치고 노는데 난데없이 빗줄기가 쏟아져 근처 짓다만 집으로 피신을 했다. 때마침 그 안에는 모함메르가 이불을 푹 뒤집어 쓴 채 자고 있었다. 비에 젖은 아리프와 그 일당들은 와들와들 떨면서 쭈그리고 앉아 왜 비가 내리는지에 관해 토론하기 시작했다.
"우리 형처럼 알라도 맥주를 잔뜩 마시고 오줌을 싸는 걸 거야."

"에이, 무슬림들은 술을 마시면 안 되는데 어떻게 알라가 맥주를 마신다는 거야?"
"바보. 인간 세상이랑 다르니까 다들 천국을 가려고 애쓰는 거야. 술이 강물처럼 흘러서 원하는 만큼 마실 수 있대. 게다가 72명이나 되는 예쁜 여자들이 시중을 들어준다고 형이 그랬어."

그때 모함메르가 벌떡 일어나 큭큭 소리를 냈다.

"니들이 어떻게 태어났는지 아니? 이 세상에는 7만 개의 우주가 있는데, 너희들은 그 가운데 하나를 선택했고, 그 우주 속에서 다시 태양계를 고르고, 태양계 안에 있는 별들 가운데서 지구를, 그리고 지구 안에 있는 7대륙 가운데서 하나를, 그 가운데에서 터키라는 나라를, 이 나라의 67개 도시 가운데 아다나라는 곳을, 또 이 큰 도시 가운데에서 유독 이 거리에 살게 된 거란다. 태어나게 된 섭리를 상상도 못하는 너희들이 죽은 다음의 세상인 천국에 대해서 뭐라고들 하는 거냐? 큭큭큭…."

모함메르가 내는 이상한 소리는 어찌 들으면 웃음 같고, 또 어찌 들으면 통곡 같고, 또 그 둘 다 아니기도 했다.

아리프는 순간, 추수가 끝난 후 휑하게 빈 밀밭을 헤매는 한 마리 개미를 떠올렸단다. 인간의 존재와 신에 관한 철학적 화두를 아리프에게 최초로 안겨준 사람은 부모님도, 선생님도, 형제들도 아닌 광인 모함메르였다.

일그러진 거울

꼬마 녀석들이 자라서 도시로 떠나고, 그 빈자리를 새로 태어난 아이들이 메우고, 고향에서 늙어가는 어른들이 가게를 지키면서 생명을 이어나가던 아다나의 이 골목에서 모함메르는 숨을 거두었다. 여든이 넘은 노인들도 이런 추위는 처음이라고 할 만큼 추운 날이었다. 동네 운하의 물은 꽁꽁 얼어붙었고, 세찬 바람은 코를 베어버릴 만큼 매웠다. 그 지독히 추운 날, 메카에 다녀왔던 전파상 주인이 다리 밑에서 모함메르를 발견했다. 그는 평소에 입고 있던 흰옷 위에 얇은 외투 하나만 걸친 채, 양팔로 몸을 감싸고 있었

꿈의 계절

다. 전파상이 그를 툭 건드리자 얼어붙은 몸이 옆으로 쓰러졌다. 미소를 가득 품은 채 잠들어 있는 듯한 표정이었다.

그런데 그의 오른손 모양은 좀 특이했다. 엄지손가락이 둘째와 세 번째 손가락 사이로 삐죽 나와 있었던 것이다. 죽은 모함메르를 보고 움찔했던 전파상 주인은 피식 웃고 말았다. 모함메르가 세상에 던진 기인다운 마지막 메시지였다.

비정상인, 광인, 미친 사람, 기인, 성자라 부르는 사람들은 어디에나 있었다. 구멍가게, 미장원, 이발소, 쌀집, 문방구, 과일가게, 전파상, 닭집, 중국집들이 동네의 필수 성분인 것처럼. 우리 안에도 광기가 존재한다는 사실을 각인시키고, 우리의 '반듯한' 정상성을 보증하기 위한 일그러진 거울처럼.

"선글라스도 안 쓰고 직사광선을 바라보면 눈이 나빠질 거예요."
나는 카라쾨이의 기인에게 말했다.
"아니, 햇빛을 받아야 다른 것들이 잘 보여요. 힘도 솟구치고요."
광합성으로 살아가고, 태양열로 충전되는 인간 배터리. 줄곧 비가 내리던 시월 한 달 내내 그는 카라쾨이에 나타나지 않았다.
사라진 후에야 존재감을 일깨우는 것들이 있다. 나는 그가 궁금해졌다. 자신의 좁은 방에서 햇빛을 받지 못해 창백해진 얼굴로 꿈이라도 꾸고 있을까. 아프리카의 사하라 사막으로 가서 수억만 년 동안 태양의 축복을 누릴 수 있는, 모래로 변하는 꿈을….

두 번째 터키

초판 1쇄 발행   2011년 5월 20일

지은이   이혜승
발행인   승영란, 김태진
디자인   art publication design GOGH
마케팅   함송이, 박신애
인쇄   애드샵
펴낸 곳   에디터

주소   서울특별시 마포구 공덕동 105-219 정화빌딩 3층
문의   02-753-2700, 2778 FAX 02-753-2779
등록   1991년 6월 18일 제 313-1991-74호

값 15,000원
ISBN 978-89-92037-75-4 13980

이 책은 에디터와 저작권자와의 계약에 따라 발행한 것이므로 본사의 서면 허락 없이는
어떠한 형태나 수단으로도 이 책의 내용을 이용하지 못합니다.
*잘못된 책은 바꿔드립니다.